HEYNE
BÜCHER

HEYNE KOCHBÜCHER

ILSE FROIDL

KNÖDEL UND KLÖSSE SELBSTGEMACHT

Aus Kartoffeln, Mehl und Semmeln, Grieß, Reis und Fleisch – salzig und süß, als Beilage und Hauptgericht

Mit ausführlichem Register

Originalausgabe

WILHELM HEYNE VERLAG
MÜNCHEN

HEYNE-BUCH Nr. 4143
im Wilhelm Heyne Verlag, München

2. Auflage

Printed in Germany 1977
Umschlaggestaltung: Atelier Heinrichs, München
Umschlagfoto: Co-Publica-Verlagsgesellschaft, Köln
Foto auf der Umschlagrückseite: Gruner & Jahr Verlag, Hamburg
Gesamtherstellung: Ebner, Ulm

ISBN 3-453-40228-6

Inhalt

Abkürzungen und Erläuterungen:

EL = Eßlöffel
TL = Teelöffel
Msp = Messerspitze

Alle Rezepte sind, soweit nicht anders angegeben, für 4 Personen berechnet.

Über Knödel und Klöße

Und der Vater und der Sohn
warten auf die Knödel schon.
(Wilhelm Busch)

Warten Sie auch darauf? Dieses Heyne-Kochbuch bringt Ihnen über 200 Rezepte für Knödel und Klöße, die darauf warten, von Ihnen ausprobiert und mit Genuß gegessen zu werden — ich habe beides schon getan.
Knödel und Klöße blicken auf eine lange und traditionsreiche Vergangenheit zurück. Sie sind geradezu ein Merkmal der deutschen — speziell der bayerischen, fränkischen, thüringischen und schlesischen — aber daneben auch der österreichischen und böhmischen Küche.
Zwischen Klößen und Knödeln besteht grundsätzlich kein Unterschied. Knödel ist der süddeutsch-österreichische Name für Klöße — er hat seinen Ursprung im lateinischen Wort *nodulus*, was einfach Nudel heißt. Dampf- und Rohrnudeln, die ja im Grunde genommen nichts anderes als Knödel sind, haben den alten Wortstamm im Namen bewahrt. Im Fränkischen heißen die Knödel oder Klöße Klües oder Kniedla, im Schlesischen Kließe. Auch das ostdeutsche Wort Klops heißt nichts anderes als Kloß.
Doch der Name ist nicht ausschlaggebend. Der schlanken Linie zum Trotz sind diese nahrhaften runden Gebilde heute wie eh und je beliebt bei groß und klein.
In der Hauptsache werden sie aus Kartoffeln, Mehl, Semmeln (Brötchen) oder Grieß — oder einer Mischung aus mehreren dieser Zutaten — zubereitet. Sie sind nicht nur eine gute und sättigende Beilage zu Fleisch- und Gemüsegerichten. Sie ergeben auch mit den entsprechenden Saucen und Salaten oder mit Kompotten eine selbständige Mahlzeit oder, mit Obst gefüllt, mit Zucker und Zimt bestreut, einen beliebten Nachtisch. Liebe und Zeit braucht

man schon dazu, um schöne lockere und duftende Knödel oder Klöße auf den Tisch zu bringen. Aber ein Trost für die, die heute nicht mehr viel Zeit haben: Knödel und Klöße aller Art gibt es heute als Instant-Erzeugnisse in reicher Auswahl. Auch hierfür bringen wir Rezeptbeispiele. – Wohl bekomm's!

Allgemeine Regeln über das Kochen von Knödeln und Klößen

Der Teig muß gut durchgearbeitet sein.
Der Teig muß vor dem Formen abgeschmeckt sein.
Der Teig muß geschmeidig sein.
Wer sich über die Beschaffenheit der Teigmasse nicht sicher ist, koche einen Probekloß. Sollte dieser zu fest sein, wird er durch Zugabe von *gekochten* Zutaten wie: Kartoffeln, Fleisch, Grießbrei, geriebener Semmel gelockert. Ist der Probekloß zu locker und fällt auseinander, muß der Teig mit *rohen* Zutaten wie: Ei, Kartoffeln, Grieß oder Mehl gebunden werden.
Kloßteig, der mit Semmelbröseln oder Grieß zubereitet wurde, muß vor dem Formen ruhen. Rastzeit je nach Rezeptangabe.
Knödel vor dem Einlegen in kochendes Salzwasser in Mehl wälzen, sie behalten dann ihre runde Form, auch wenn der Teig etwas weich sein sollte.
Mehl- und Kartoffelknödel mit mehlbestäubten Händen formen, Fleisch- und Fischknödel mit nassen Händen.
Bei abgestochenen Knödeln den Löffel vorher in kochendes Wasser tauchen und danach den Knödel ins kochende Salzwasser halten, bis sich der Knödel gelöst hat.
Läßt sich der Teig gut bearbeiten, so formt man auf einem bemehlten Holzbrett eine Rolle, schneidet davon gleichmäßige Scheiben ab und rollt diese zu Knödeln.
Fertig gerollte Knödel bis zum Kochen auf ein bemehltes Holzbrett legen.
Kleine geformte Klößchen, die man bis zum Kochen auf einem Teller aufbewahrt, nicht vom Teller ins kochende Salzwasser schieben, sondern von dem kochenden Wasser etwas über die Knödel gießen, die dann von außen gleich erstarren und in unbeschädigter Form ins Kochwasser gleiten.
Knödel in stark kochendes, leicht gesalzenes Wasser einlegen.
Nur so viel Knödel in einen breiten Topf geben, als nebeneinander Platz haben, denn sie gehen noch auf.

Sobald nach dem Einlegen der Knödel das Wasser wieder kocht, den Deckel abnehmen und die Knödel im offenen Topf – eine Ausnahme bilden Hefeklöße – mehr ziehen als kochen lassen. (Bei einem elektrischen Herd im allgemeinen auf Stufe 0 schalten.) Die Garzeit der Knödel und Klöße sind in den einzelnen Rezepten angegeben.

Garprobe: Knödel mit 2 Gabeln auseinanderreißen. Er muß innen trocken und locker sein.

Fertige Knödel mit einem Schaumlöffel aus dem Wasser nehmen, gut abtropfen lassen und in vorgewärmter Schüssel anrichten.

Kalte Knödel lassen sich wieder erwärmen, indem man sie mit kaltem Wasser zusetzt und bis zum Kochpunkt erwärmen, aber nicht kochen läßt.

Kartoffelklöße und -knödel

Sie sind ja eigentlich die jüngsten Kinder der Knödel- und Kloßfamilie, denn sie wurden frühestens vor 200 Jahren ›erfunden‹, als die Kartoffel ihren Siegeszug durch Europa antrat. Aber wer könnte sich heute einen saftigen braunen Schweinebraten ohne Kartoffelklöße vorstellen, vom rheinischen Sauerbraten, als dessen Beilage sie einfach obligatorisch sind, ganz zu schweigen? Die Münchner kennen sogar ein eigenes Knödellied:

Der oa Knödl fangt zum Siadn o
Und der ander siadt aa,
Schaut der oa Knödl den andern o,
Weils der so schö ko.
Tua langsam, tua langsam,
Tua net a so gschwind,
Wia ma d' Knödl tuat macha,
Des woaß a jeds Kind!

Einfache Kartoffelknödel

750 g gekochte, geriebene Kartoffeln, 300 g Mehl, etwas Salz, 1 Ei – *Zum Begießen:* 50 g zerlassene Butter

Alle Zutaten am Brett zu einem glatten Teig verarbeiten. Sofort – Teig nicht stehen lassen – zu nicht zu großen Knödeln formen und diese in kochendes Salzwasser legen. 10 bis 15 Minuten leise kochen lassen. Mit einem Schaumlöffel herausnehmen, in einer vorgewärmten Schüssel anrichten und mit zerlassener Butter übergießen.

Feine Kartoffelknödel

1 kg in der Schale gekochte Kartoffeln, 100 g Stärkemehl, etwas Salz, 1 Ei – Will man die Knödel etwas fester haben, muß man noch 70 g Mehl oder feinen Grieß einarbeiten – Für diese Knödel am besten mehlige Kartoffeln verwenden

Kartoffeln heiß schälen, durch die Kartoffelpresse drücken oder durch ein Sieb streichen. Rasch mit allen Zutaten zu einem glatten Teig verarbeiten. Mit bemehlten Händen nicht zu große Knödel formen, in kochendes Salzwasser legen und 10 bis 15 Minuten leise kochen lassen. Vorsichtig mit einem Schaumlöffel herausheben, in eine vorgewärmte Schüssel legen und gleich servieren.

Kartoffelknödel mit Grieß

1 kg in der Schale gekochte Kartoffeln, 2 Eier, 40 g Butter oder Margarine, etwas Salz, 120 g Mehl, 120 g Grieß

Kartoffeln heiß schälen und sofort durch die Kartoffelpresse drücken oder durch ein Sieb streichen. Mit allen Zutaten gut vermischen und rasch zu einem Teig verarbeiten. Mit bemehlten Händen gleichmäßig große Knödel von etwa 4 cm Durchmesser formen und in kochendes Salzwasser legen. Sobald das Wasser wieder zu kochen beginnt, die am Topfboden haftenden Knödel vorsichtig mit einem Kochlöffel lockern und leise 10 bis 15 Minuten kochen. Die fertigen Knödel mit einem Schaumlöffel vorsichtig herausnehmen, in eine vorgewärmte Schüssel legen und mit etwas zerlassener Butter beträufeln.

Klöße aus gekochten und rohen Kartoffeln

750 g gekochte, 500 g geschälte, rohe Kartoffeln, 1 Ei, 3 EL Mehl, etwas Salz

Kartoffeln am Vortag kochen, heiß schälen, sofort durch die Kartoffelpresse drücken und aufbewahren. Dann durch ein Sieb streichen und mit den roh geriebenen, durch ein Tuch gepreßten Kartoffeln vermischen. Die übrigen Zutaten beigeben und zu einem Teig verarbeiten. Mit bemehlten Händen gleichmäßig große Klöße formen, sofort in kochendes Salzwasser legen und 20 Minuten zugedeckt leise kochen lassen.

Kartoffelknödel mit Maisstärkemehl

750 g gekochte Kartoffeln, 70 g Grieß, 150 g Maisstärkemehl, 2 Eier, 3 in Würfel geschnittene Semmeln, Salz

Die am Vortag gekochten Kartoffeln reiben, mit den angegebenen Zutaten gut vermischen. Aus dem weichen Teil mit bemehlten Händen Knödel formen, sofort in kochendes Salzwasser legen und 20 Minuten auf kleiner Flamme kochen lassen. Den Deckel dabei etwas öffnen.
Die fertigen Knödel mit brauner Butter begießen und zu salzigen oder süßen Saucen geben.

Zehntelknödel

1 kg gekochte Kartoffeln, 100 g Stärkemehl, 100 g Grieß, etwas Salz

Kartoffeln reiben, mit Stärkemehl, Grieß und Salz zu einem Teig verarbeiten. Gleichmäßige Knödel formen, in kochendes Salzwasser legen und etwa 20 Minuten ziehen lassen.
Zu Saucen oder gedünsteten Gemüsen.

Leichte Kartoffelklöße

1¼ kg in der Schale gekochte Kartoffeln, 250 g Stärkemehl, 2 TL Salz, ¼ l kochendheiße Milch, 1 gestrichenen TL Backpulver – *Zum Füllen:* Geröstete Semmelwürfel von einer Semmel

Die noch heißen Kartoffeln schälen und durch die Kartoffelpresse drücken. In eine Schüssel geben, mit Stärkemehl, Salz und der Milch gut verrühren. Die weiche Masse stehen lassen bis sie ausgekühlt ist. Sie wird dadurch fester. Erst dann das Backpulver untermischen. Mit bemehlten Händen Klöße formen, in jeden Kloß einige geröstete Semmelwürfel wickeln. Die Klöße in kochendes Salzwasser, in einen breiten Topf legen und etwa 25 Minuten garziehen lassen.

Seidene Klöße (fränkisch)

1 kg am Vortag gekochte Kartoffeln, 250 g Kartoffelmehl, 1 Ei, etwas Salz, etwa ¼ l heißes Wasser – *Zum Füllen:* Geröstete Semmelwürfel von 1 Semmel

Kartoffeln schälen, reiben, mit dem Kartoffelmehl vermischen und salzen. Dann mit dem heißen Wasser überbrühen, das Ei daruntergeben und gut verkneten. Aus dem Teig Klöße formen, in die Mitte 2 bis 3 Semmelwürfel einwickeln und in reichlich kochendes Salzwasser legen. Sie gehen auf! Etwa 15 Minuten ziehen lassen. Zu verschiedenen Fleischgerichten oder zu gedünsteten Gemüsen reichen.

Gefüllte Kartoffelknödel

1 kg gekochte Kartoffeln, 200 g Stärkemehl, 1 Ei, etwas Salz und Muskat

Die heißen Kartoffeln schälen, durch die Kartoffelpresse drücken oder durch ein Sieb streichen. Erkaltet mit allen Zutaten zu einem Knödelteig verarbeiten, aus der Masse 12 Knödel formen und diese beliebig mit gehacktem Fleisch, gewiegter Wurst, ausgelassenen Speckwürfeln, gerösteten Zwiebeln oder Semmelbröseln füllen.

Bayerische Kartoffelknödel

1 kg geschälte, rohe Kartoffeln, 375 g gekochte Kartoffeln, Knödelbrot von 2 Semmeln, 1 Ei, etwa 1/4 l Milch oder Wasser, etwas Salz und Pfeffer

Die rohen Kartoffeln in eine reichlich mit Wasser gefüllte Schüssel reiben und in einem Tuch fest auspressen. Mit den gekochten, gestampften Kartoffeln und dem Knödelbrot in eine Schüssel geben und sofort mit heißer Milch oder heißem Wasser übergießen. Mit Ei, Salz und Pfeffer mischen und gut durcharbeiten. Mit nassen Händen Knödel formen, in kochendes Salzwasser legen und etwa 30 Minuten leise kochen lassen.

Wiener Kartoffelknödel

500 g in der Schale gekochte Kartoffeln, 1 eingeweichte, ausgedrückte Semmel, etwas Salz, 20 g Butter oder Margarine, 1 Ei, 80 g Grieß, 40 g Mehl

Kartoffeln schälen, reiben und mit den übrigen Zutaten zu einem glatten Teig verarbeiten. Mit bemehlten Händen mittelgroße Knödel formen, in kochendes Salzwasser legen und etwa 15 Minuten leise kochen lassen.

Kartoffelwickelknödel

500 g am Vortag gekochte Kartoffeln, 200 g Mehl, 1 Ei, etwas Salz – *Zur Fülle:* 150 bis 200 g gewiegtes, geräuchertes Fleisch oder gewiegte Lyoner Wurst (Fleischwurst) – *Zum Bestreuen:* 2 EL geröstete Semmelbrösel

Kartoffeln schälen und durch die Fleischmaschine drehen. Mit Mehl, Ei und Salz vermengen und rasch einen Kartoffelteig bereiten. Diesen zu einem Rechteck ausrollen, mit dem gewiegten Fleisch oder der Wurst bestreuen und zusammenrollen. In etwa 5 cm lange Stücke teilen, jeden Teil zu einem Knödel formen (die Schnittflächen gut zusammenschließen), in kochendes Salzwasser legen und etwa 15 Minuten ziehen lassen. Mit gerösteten Bröseln bestreut anrichten und zu Sauerkraut oder gedünstetem Kraut reichen.

Kartoffelklöße, ostpreußische Art

20 g Hefe, 1/8 l lauwarme Milch, 1 TL Zucker, 200 g Mehl, 500 g am Vortag gekochte Kartoffeln, 1 Ei, 1 EL Zitronensaft, etwas Salz – *Zum Braten:* Öl oder Butter

Die Hefe in der lauwarmen Milch mit Zucker auflösen. Mehl in eine Schüssel schütten, in die Mitte eine Grube drücken und die Milch hineingießen. Mit einem Tuch zugedeckt an einem warmen Ort 1/4 Stunde ruhen lassen. Inzwischen Kartoffeln durch ein Sieb drücken oder reiben. Danach die Kartoffelmasse mit dem Hefestück vermischen, Ei, Zitronensaft und Salz beigeben und zu einem glatten Teig verarbeiten. Diesen zugedeckt warm stellen und eine Stunde gehen lassen. Danach mit einem EL Portionen ausstechen und in heißem Öl oder heißer Butter von beiden Seiten schön goldbraun braten. Diese Klöße eignen sich als Beilage zu Braten oder Wild.

Schlesische Kartoffelklöße aus gekochten Kartoffeln

750 g gekochte Kartoffeln, 100 g Kartoffelmehl, 1 TL Salz, $^3/_{16}$ l kochende Milch – *Zum Einwickeln:* Kartoffelmehl

Kartoffeln in eine Schüssel reiben, mit Kartoffelmehl und Salz bestreuen. Nicht vermischen! Die kochende Milch darübergießen und rasch einen glatten Teig arbeiten. Aus diesem nicht zu große Klöße formen, jeden Kloß in Kartoffelmehl wenden und sofort in kochendes Salzwasser legen. 8 bis 10 Minuten ziehen lassen.

Schlesische Kartoffelklöße aus rohen Kartoffeln

1500 g rohe Kartoffeln, $^1/_2$ l Milch, 60 g Grieß, 1 EL Salz – *Zum Füllen:* Geröstete Semmelwürfel von 1 Semmel

Kartoffeln waschen, schälen und in kaltes Wasser reiben. Das Wasser so oft erneuern, bis die Kartoffelmasse hell ist. Dann durch ein Tuch ausdrücken. Aus Milch und Grieß einen Brei kochen, diesen salzen und heiß über die Kartoffelmasse gießen. Alles zu einem Teig verarbeiten, aus diesem gleichmäßige Klöße formen und in jeden Kloß 3 bis 4 geröstete Semmelwürfel drücken. In kochendem Salzwasser 15 Min. garziehen lassen.

Schlesische Kließla

1 kg in der Schale gekochte Kartoffeln vom Vortag, 250 g Mehl, etwas Salz, 1 Ei, 40 g Butter – *Zum Füllen:* 300 g in Ringe geschnittene Zwiebeln, etwas Fett zum Rösten – *Zum Bestreuen:* 2 EL geröstete Semmelbrösel

Kartoffeln schälen, durch den Fleischwolf drehen oder reiben. Mit den übrigen Zutaten zu einem Teig verarbeiten. Daraus mittelgroße Klöße formen, in die Mitte jeweils geröstete Zwiebelringe drücken. Die Klöße in kochendes Salzwasser legen und etwa 10 Minuten ziehen lassen. In einer vorgewärmten Schüssel, mit gerösteten Semmelbröseln bestreut, servieren.

Pfälzer Kartoffelklöße

(›Hoorige Knepp‹)

Diese werden in den einzelnen Familien sehr unterschiedlich zubereitet. In Saarbrücken gibt man ihnen eine längliche, in der Rheinpfalz eine runde Form. Der Kloßteig selber besteht aber immer aus einem Teil roher und einem Teil gekochter Kartoffeln. Die anderen Zutaten sind in den einzelnen Pfälzer Landstrichen verschieden. Es kann eine eingeweichte, gut ausgedrückte Semmel oder Mehl beigegeben werden, 1 oder mehrere Eier sollen den Teig lockern. Auch das Würzen ist Geschmackssache; selbstverständlich Salz, Pfeffer, Muskat, in vielen Rezepten ist gewiegte Zwiebel vorgeschrieben, feingeschnittene Petersilie und Sellerieblätter. Das Endprodukt jedoch, die ›Hoorigen Knepp‹, sollen leicht behaart aussehen und grünlich-silbern schimmern. Meistens werden die ›Hoorigen Knepp‹ vor dem Auftragen mit heißem Speck übergossen oder mit zerlassener Butter, in der feingeschnittene Brotstückchen geröstet wurden. Sie schmecken gut zu Schweinebraten und zum ›Dippehas‹ (Hase und Schweinefleisch im Topf), passen aber auch zu Sauerbraten und Gulasch, zu Salaten und Kompotten – mitunter werden sie auch mit saurer Sahne begossen.

Hier ein Rezept, das nach Wunsch verändert werden kann:

1 kg rohe Kartoffeln, 1/2 kg gekochte Kartoffeln, 1 Ei, 1 eingeweichte, ausgedrückte Semmel, 1 TL Salz, 1 Prise Pfeffer, je 1 EL feingewiegte Zwiebel, Petersilie und – wem es schmeckt – Sellerieblätter

Die rohen Kartoffeln reiben, in einem Tuch ausdrücken und mit den gekochten, durchgepreßten Kartoffeln sowie allen übrigen Zutaten vermischen. Der Teig soll mittelfest sein. Kinderfaustgroße Klöße formen, in kochendes Salzwasser einlegen, leise kochen, bis sie oben schwimmen, und dann noch 10 Minuten nur ziehen lassen.

Holsteiner Klöße

1 kg in der Schale gekochte Kartoffeln, 100 g in Würfel geschnittener Speck, 250 g Buchweizenmehl, 4 Eier, etwas Salz, nach Bedarf warme Milch – *Zum Begießen:* 50 g zerlassene Butter

Kartoffeln heiß schälen, durch die Kartoffelpresse drücken oder durch ein Sieb streichen. Sofort Speckwürfel, Mehl und Salz untermengen und mit etwas warmer Milch zu einem knetbaren Teig verarbeiten. Daraus große Klöße formen, in kochendes Salzwasser legen und etwa 15 Minuten ziehen lassen. Mit einem Schaumlöffel herausheben, in eine vorgewärmte Schüssel legen und mit heißer Butter übergießen.

Gefüllte Pfälzer Kartoffelklöße

1 kg rohe, 500 g gekochte Kartoffeln, Salz, 1 eingeweichte, ausgedrückte Semmel, 1 Ei, 3 EL Mehl, 250 g Bratwursthack

Die rohen Kartoffeln schälen, reiben und sehr gut ausdrücken; die gekochten Kartoffeln schälen, ebenfalls reiben und mit der rohen Kartoffelmasse vermischen. Salzen, die ausgedrückte, zerpflückte Semmel und das Ei untermischen. Den Teig zu einer Rolle formen und in gleichmäßige Scheiben schneiden. Jede Scheibe etwas flachdrücken, in die Mitte eine Kugel Bratwursthack legen und gut in den Kloßteig einrollen. Die Klöße in kochendes Salzwasser legen und etwa 15 Minuten garziehen lassen. Die fertigen Klöße mit ausgebratenen Speckwürfeln bestreuen. Dazu reichen Sie erhitzte, leicht gesalzene süße oder saure Sahne und viel Salat – und natürlich reichlich Pfälzer Wein.
Dieses Leibgericht der Pfälzer kennt noch mehrere Füllungen, ›Gefilltsel‹ genannt.
So wird z. B. Hackfleisch mit einer eingeweichten, ausgedrückten Semmel, feingeschnittenem Lauch, Salz und Pfeffer vermischt, oder es wird gekochtes Rindfleisch durch die Fleischmaschine ge-

dreht und mit eingeweichter, ausgedrückter Semmel, geriebener Zwiebel, Salz und Pfeffer abgeschmeckt. Ein anderes Rezept schreibt feingeschnittenen Lauch vor, der mit unter den Kloßteig gemischt wird.
Gefüllte Kartoffelklöße werden zum Familienfest, wenn die Mutter in einen Kloß eine große Zwiebel einwickelt. Das Kind, das diesen ›Zwiebelkloß‹ erhält, bekommt 20 Pfennige in die Sparbüchse.

Thüringer Kartoffelklöße

Nichts geht dem Thüringer über seine Kartoffelklöße. Jeden Sonntag stehen sie auf dem Tisch, ganz gleich, welcher Braten dazu gereicht wird; denn die Hauptsache ist die Sauce zu den Klößen und nicht das Fleisch. Auch der Donnerstag gilt als Kloßtag. Da gibt es dann eine Speck-, Zwiebel- oder Pilz-Tomatensauce dazu. Auch Backobst wird gerne dazu gegessen.
Der Volksmund sagt: »Fünf Klöße und eine Gans, fünf Kilo im Gewicht, das ist dem Thüringer sein Leibgericht!«
Ein ganz genaues Rezept zu bringen ist fast unmöglich, weil die Varianten dieser Klöße so viele sind, wie es Hausfrauen in Thüringen gibt. Es kommt auf die Beschaffenheit der Kartoffeln an. Danach richtet sich die Flüssigkeitszugabe. Der Topf zum Kochen muß genügend groß sein, damit die Klöße nicht aneinander stoßen. Manche Hausfrauen lassen die Klöße nur ›ziehen‹, andere lassen sie leise kochen. Versuchen Sie die Klöße einmal nach folgendem Rezept:

1 kg geschälte rohe Kartoffeln, 500 g gekochte Kartoffeln, etwa 1/4 bis 1/3 l Milch, etwas Salz – *Zum Füllen:* 1 altbackene, in Würfel geschnittene Semmel, 1 EL Fett

Die rohen Kartoffeln in eine große Schüssel mit viel Wasser reiben, dem man einen Schuß Essig beigibt (dadurch wird das

Braunwerden verhindert). Danach die geriebenen Kartoffeln sehr gut ausdrücken, am besten in einem Tuch fest auspressen. Das abgepreßte Wasser stehenlassen, bis sich die darin enthaltene Stärke auf dem Boden der Schüssel absetzt. Ist dies geschehen, das Wasser abgießen. Die ausgedrückten Kartoffeln übergießt man sofort mit kochender Milch, salzt und vermischt sie mit den gekochten, geriebenen oder den frisch gekochten, noch heiß durch die Presse gedrückten Kartoffeln und der abgesetzten Stärke. Den weichen Teil schnell abarbeiten, mit nassen Händen – diese immer wieder in kaltes Wasser tauchen – große Klöße formen, in die Mitte geröstete Semmelwürfel drücken und sofort in kochendes Salzwasser legen. Zugedeckt läßt man sie 30 Minuten ziehen, bis sie an die Oberfläche steigen. Dann nimmt man sie mit einem Schaumlöffel aus dem Wasser, läßt sie gut abtropfen und gibt sie sofort zu Tisch.

Eine noch unerfahrene Hausfrau kocht am besten zuerst einen Probekloß. Zerfällt er, ist es angebracht, an den Teig noch etwas Mehl geben.

Übriggebliebene Kartoffelklöße kann man durch Einlegen in kochendes Salzwasser und kurzes Ziehenlassen wieder aufwärmen. Oder man schneidet sie in Scheiben und röstet sie in der Pfanne goldbraun.

Thüringer Watteklöße

10 bis 12 mittelgroße, gekochte, erkaltete Kartoffeln, 250 g Kartoffelmehl, etwas Salz, etwa 1/3 l kochende Milch, Semmelwürfel von 1 Semmel in 30 g Butter geröstet, etwas Mehl

Die geschälten Kartoffeln in eine Schüssel reiben, mit Kartoffelmehl und Salz bestreuen und mit der kochenden Milch übergießen. Mit einer Gabel rasch zu einem Teig verarbeiten und nicht zu große Klöße formen. In die Mitte jedes Kloßes 3 bis 4 geröstete Semmelwürfel drücken, in Mehl wenden, in kochendes Salzwasser legen und 15 Minuten leise kochen. Es ist zu empfehlen, während des Kochens den Deckel etwas vom Topf abzuheben.
Diese Klöße ißt man hauptsächlich zu dem beliebten Thüringer Topfbraten.

Thüringer grüne Klöße

Es gibt auch Watteklöße, die aus rohen Kartoffeln zubereitet werden und in vielen Familien besonders beliebt sind:

1 1/2 kg rohe Kartoffeln, 1 bis 2 EL Kartoffelmehl, 1 EL Salz, etwa 1/8 l heiße Milch (die Flüssigkeitsmenge richtet sich nach der Aufnahmefähigkeit der Kartoffeln) – *Zum Füllen:* Geröstete Semmelwürfel von 1 Semmel

Die Kartoffeln reiben und gut ausdrücken. Mit dem Kartoffelmehl (auch die Stärke aus dem abgegossenen Kartoffelwasser mit verwenden) und Salz gut vermischen, dann langsam die heiße Milch einrühren. Die Masse muß sich gut formen lassen. Aus gleichmäßigen Portionsstücken runde Knödel drehen und in deren Mitte geröstete Semmelwürfel drücken. In kochendes Salzwasser einlegen und etwa 15 Minuten garziehen lassen.

Thüringer Kartoffelklöße mit Grieß

1½ kg geschälte, rohe Kartoffeln, ¼ l Milch, 1 TL Salz, 50 g Margarine, 125 g Grieß – *Zum Füllen:* 1 altbackene Semmel, in Würfel geschnitten und in etwas Fett geröstet

Die rohen Kartoffeln in eine Schüssel mit reichlich Wasser reiben und in einem Tuch fest auspressen. Milch, Salz und Margarine zum Kochen bringen, den Grieß einlaufen lassen und durchkochen, bis er sich zu einem Kloß formt. Vom Feuer nehmen und sofort die ausgepreßten Kartoffeln darunterrühren. Mit bemehlten Händen große Klöße formen, in jeden einige geröstete Semmelwürfel drücken und in kochendes Salzwasser – in einen großen Topf – legen. Zugedeckt 20 Minuten ziehen lassen.

Gebackene Knödel

(Egerländer Rezept – 6 Personen)

1500 g rohe, geschälte Kartoffeln, 500 g gekochte, geschälte und geriebene Kartoffeln, ungefähr ¼ l Buttermilch, 60 g Quark, etwas Salz, nach Belieben 50 g Speckgrieben – *Zum Ausbacken:* Fett

Die rohen Kartoffeln reiben, durch ein Tuch drücken und sofort mit der Buttermilch mischen (sonst werden sie schwarz). Dann alle übrigen Zutaten unterrühren. Der Teig muß sich streichen lassen. Wenn nötig, noch etwas Milch zugeben. Eine sehr gut ausgefettete Pfanne leicht mit Mehl bestäuben, den Teig hineinstreichen und die obere Seite mit Fett bepinseln. Auf beiden Seiten knusprig backen.
Zu Fleisch, Braten oder zu einer Pilzsauce, auch zu mit Milch verrührten Preiselbeeren reichen.

Ausgestochene Kartoffelklöße

(6 Personen)

$1^1/_2$ kg Kartoffeln, 1 EL Salz, 1 bis 2 EL Mehl, etwa $^1/_4$ l Milch, etwas Fett – *Zum Begießen:* 50 g zerlassene Butter

Geschälte Kartoffeln in Salzwasser sehr weich kochen, abschütten und im Topf mit dem Mehl gut verrühren. Die heiße Milch darüber gießen, die Masse schaumig schlagen und mit einem EL, den man erst in heißes Fett taucht, längliche Klöße abstechen. Diese auf eine heiße Platte legen und mit Butter begießen.
Zu verschiedenen Gemüsen reichen.

Gebackene Kartoffelknödel

8 mittelgroße Kartoffeln, 2 EL Mehl, etwas Salz, 2 in Würfel geschnittene, in 30 g Butter hell geröstete Semmeln, etwa 3 EL kalte Milch – *Zum Ausbacken:* 100 g Fett oder Margarine

Kartoffeln schälen und als Salzkartoffeln mit wenig Wasser weich kochen. Abgießen, zerstampfen, Mehl und Salz darüber streuen. Am Herdrand – oder auf kleinster Flamme – die Masse unter Rühren ausdämpfen lassen. Geröstete Semmelwürfel mit kalter Milch übergießen und unter die Kartoffelmasse mischen. Aus dem Teig kleine Knödel formen. In heißes Fett setzen und von allen Seiten schön goldbraun backen.
Diese Knödel sind besonders passend zu sauren Saucen, Sauerkraut und gedünstetem Kraut.

Kartoffelspeckknödel

(6 Personen)

1250 g gekochte Kartoffeln, 3 eingeweichte, altbackene Semmeln, 2 bis 3 Eier, etwa 125 g Mehl, etwas Salz und Pfeffer, 1 Prise Liebstöckel, 80 g in Würfel geschnittener, geräucherter Speck, 2 EL gehackte Zwiebel, 1 EL gehackte Petersilie

Kartoffeln schälen und heiß durch die Presse drücken. Erkaltet mit den gut ausgedrückten Semmeln, Eiern, Mehl und Gewürzen vermischen. Speckwürfel auslassen, darin Zwiebel und Petersilie kurz anbraten und ebenfalls in den Kartoffelteig einarbeiten. Mit bemehlten Händen gleichmäßige Knödel formen, in kochendes Salzwasser legen und etwa 15 Minuten garziehen lassen. Die fertigen Knödel mit ausgelassenem Speck oder saurer Sahne begießen und reichlich grünen Salat dazu reichen.

Kartoffelknödel mit Käse

1 kg am Vortag gekochte Kartoffeln, 80 g Mehl, 80 g Grieß, etwas Salz, Pfeffer und Muskat, 1 Ei – *Zum Füllen:* 100 g in Würfel geschnittener Speck, 1 in Würfel geschnittene, altbackene Semmel, 125 g geriebener Käse

Kartoffeln schälen und fein reiben. Mit den übrigen Zutaten zu einem festen Teig verarbeiten. Eine Rolle formen und dicke Scheiben abschneiden. Für die Fülle den Speck ausbraten, Semmelwürfel darin rösten und mit dem Käse vermischen. In die Mitte jeder Kartoffelscheibe etwas Fülle geben, Knödel formen und diese in kochendes Salzwasser legen. Etwa 20 Minuten ziehen lassen. Zu Gemüsen oder gedünsteten Pilzen reichen.

Käseknödel nach österreichischer Art

100 g Butter oder Margarine, 3 Eier, 2 mittelgroße, gekochte Kartoffeln, 2 EL Mehl (richtet sich nach der Größe der Eier und der Feuchtigkeit der Kartoffeln), 250 bis 300 g geriebener Käse – *Zum Füllen:* 1 bis 2 nicht zu weiche Birnen – *Zum Einwickeln:* 50 g Semmelbrösel mit 2 EL geriebenem Käse vermischt – *Zum Ausbacken:* Etwa 80 g Butter

Butter oder Margarine schaumig rühren, nach und nach die Eier, die durch ein Sieb gedrückten Kartoffeln, den Käse und das Mehl leicht untermischen. Kleine Kugeln abstechen, in jede ein nußgroßes Stück geschälte Birne einwickeln und runde Knödelchen formen. Im Semmelbrösel mit Käse wälzen und in der heißen Butter goldbraun backen.
Mit grünem Salat servieren.

Sauerkrautklöße

(Eine Spezialität aus Westfalen!)

2 kg rohe Kartoffeln, 125 g gewürfelter, geräucherter Speck, 1 gehackte Zwiebel, 2 Tassen klein geschnittenes Sauerkraut, Salz, Pfeffer, etwas Mehl – *Zum Füllen:* 1 gewürfelte, in 30 g Butter geröstete Semmel

Kartoffeln schälen, reiben und gut auspressen. Sie sollen trocken sein. Mit einer Tasse kochendem Wasser überbrühen. In den ausgelassenen Speckwürfeln die gehackte Zwiebel rösten und alles mit dem Sauerkraut unter die Kartoffelmasse geben. Diese mit Mehl binden, mit Salz und Pfeffer abschmecken. Aus dem Teig mit nassen Händen Klöße formen, in jeden einige geröstete Semmelwürfel drücken und die Klöße in kochendes Salzwasser legen. Etwa 25 Minuten garziehen lassen.

Kartoffel-Strapazi-Knödel

Ein beliebter österreichischer Knödel zu Schweinebraten und Sauerkraut.

500 g rohe Kartoffeln, 500 g gekochte Kartoffeln, 250 g Quark, 2 Eier, 1 TL Salz, 100 bis 150 g Grieß

Die rohen Kartoffeln schälen, reiben und leicht ausdrücken. Die gekochten, heißen Kartoffeln schälen, durch ein Sieb streichen und noch warm mit den rohen Kartoffeln vermischen. Quark, Eier, Salz unterrühren und zum Schluß so viel Grieß beigeben, daß ein mittelfester Teig entsteht. Diesen 1/2 Stunde ruhen lassen, danach nicht zu große Knödel daraus formen und gleich in kochendes Salzwasser legen. 15 Minuten leise kochen lassen. Gut abgetropft in einer vorgewärmten Schüssel anrichten.

Waldviertel-Knödel

500 g gekochte Kartoffeln, 750 g rohe Kartoffeln, 10 g Butter, 1 Ei, Salz, etwa 125 g Mehl

Gekochte, erkaltete Kartoffeln schälen und reiben. Rohe Kartoffeln in kaltes Wasser einreiben, um eine Verfärbung zu vermeiden, und dann durch ein Tuch den Saft fest auspressen. Beide Kartoffelmassen, Butter, Ei, Salz und zum Schluß das Mehl zusammenmischen. Es soll ein fester Teig entstehen. Daraus mittelgroße Knödel formen, in kochendes Salzwasser einlegen und 20 Minuten sanft kochen lassen.

Dies ist in Niederösterreich ein sehr beliebter Kartoffelknödel. Er wird nicht nur als ganzer Knödel serviert, sondern man schneidet ihn auch gerne noch heiß in fingerdicke Scheiben und röstet ihn im heißen Schmalz ab.

Feinschmecker-Klöße

1 kg gekochte, geriebene Kartoffeln, 200 g Kartoffelmehl, Salz, 1/4 l Joghurt, 1 Semmel, etwas Fett und Mehl

Die noch heißen geriebenen Kartoffeln mit Kartoffelmehl und Salz bestreuen. Kochendheißen Joghurt darübergießen (evtl. noch etwas kochendes Wasser zugeben) und rasch verarbeiten. Mittelgroße Klöße formen, in die Mitte geröstete Semmelwürfel geben. In Mehl wenden und in Salzwasser garen. Diese pikanten Klöße schmecken besonders gut als Beilage zu Rinderbraten und Rouladen.

Egerländer Grießglitscher aus rohen Kartoffeln

1500 g rohe Kartoffeln, 5 gekochte Kartoffeln, 1/8 l Milch, 50 g grober Grieß, 2 in Würfel geschnittene, geröstete Semmeln, Salz

Die rohen Kartoffeln reiben und in einem Tuch ausdrücken, mit den gekochten, ebenfalls geriebenen Kartoffeln und den übrigen Zutaten vermischen und mit Salz abschmecken. In kochendes Salzwasser legen und 1/2 Stunde leise kochen.

Egerländer Grießglitscher aus gekochten Kartoffeln

1 kg am Vortag gekochte Kartoffeln, 50 g Kartoffelmehl, 100 g Grieß, 1 EL Mehl, 2 bis 3 EL Milch, Salz

Die geschälten Kartoffeln reiben und mit den übrigen Zutaten gut mischen. Knödel formen, diese in kochendes Salzwasser legen und 15 Minuten leise kochen.

Semmelknödel

Karl Valentin, Münchens unsterblicher Komiker von unvorstellbar blödelndem Tiefsinn, hat sich lange und ernsthaft mit der Frage nach der richtigen Schreibweise des Wortes Semmelknödel beschäftigt. Seiner Meinung nach können Semmelknödel nur in der Mehrzahl gegessen werden – wegen des Wohlgeschmacks. Also gibt es ›den‹ Semmelknödel nicht. Aber da für mehrere Knödel auch mehrere Semmeln – Brötchen – verwendet werden, wird es kompliziert: heißen sie nun Semmelknödel, Semmelknödeln oder – ganz genau: Semmelnknödeln . . .?

Das Thema wäre eine Doktorarbeit wert, die Semmelknödel selbst, wie wir sie der Einfachheit halber benennen wollen, stehen bezüglich ihrer Beliebtheit außerhalb jeder Debatte. In Bayern sind sie sozusagen ein Nationalgericht. Man ißt sie zu Fleischgerichten mit einer pikanten Sauce. Auf dem Land werden noch heute oft Semmel- und Kartoffelknödel nebeneinander als Beilage aufgetragen. Aber auch in Österreich und Böhmen liebt man die Semmelknödel. In Tirol heißen sie ›Fastenknödel‹; der Schlesier wiederum ißt sein heißgeliebtes ›Semmelklößel‹ zu Schweinefleisch und Birnen – das ist für ihn dann ein wahres ›schlesisches Himmelreich‹!

Bayerische Semmelknödel

8 Semmeln vom Vortag – in Bayern als geschnittenes Knödelbrot zu kaufen – ca. 1/4 l lauwarme Milch, 1 gehackte Zwiebel, 2 EL gehackte Petersilie, 40 g Fett, 3 bis 4 Eier, Salz

Die Semmeln feinblättrig schneiden, mit der lauwarmen Milch übergießen und einige Minuten ziehen lassen. Inzwischen im heißen Fett Zwiebel und Petersilie andünsten. Nun die mit Salz verquirlten Eier über den Semmelteig gießen, ebenso das Gemisch aus Zwiebel und Petersilie. Alles gut durchmischen, den Teig noch einige Minuten stehen lassen und danach schöne, runde Knödel daraus formen. Diese in kochendes Salzwasser einlegen und 15 bis 20 Minuten ziehen lassen. Sie müssen ganz leicht und locker sein.
Noch ungeübten Köchinnen empfehle ich, einen Probeknödel zu kochen. Sollte der Teig zu weich sein, noch einige Löffel Semmelbrösel untermischen.

Wiener Semmelknödel

6 altbackene Semmeln, 50 g Schweineschmalz oder Butter, 1 feingehackte Zwiebel, 1 EL feingehackte Petersilie, 1/4 l Milch, 2 Eier, Salz, 50 g Mehl

Die Semmeln in kleine Würfel schneiden. Die Zwiebel und Petersilie in Schmalz oder der heißen Butter leicht anrösten und über die Semmelwürfel gießen. Ebenso die in der Milch mit Salz verquirlten Eier. Die Masse durcharbeiten und etwas durchziehen lassen. Zum Schluß das Mehl untermischen. Mit feuchten Händen mittelgroße, runde Knödel formen, diese in kochendes Salzwasser legen und 10 bis 15 Minuten ziehen lassen.
Eine beliebte Beilage zum Wiener Beuschel und zum Schweinebraten.

Böhmische Semmelknödel

(6 Personen)

500 g Mehl, 1/3 l Flüssigkeit (halb Milch, halb Wasser), Salz, 1 bis 2 Eier, 1 Msp Backpulver, 4 bis 5 altbackene Semmeln, 50 g Fett, geröstete Semmelbrösel zum Anrichten

Backpulver und Mehl vermischen, nach und nach das mit Milch, Wasser und Salz verquirlte Ei darunter rühren. Den lockeren Teig gut abschlagen. Die Semmeln in kleine Würfel schneiden, im heißen Fett goldbraun rösten und unter den Teig geben. Diesen nochmals abschlagen, und wenn man Zeit hat, etwas Mehl über den fertigen Teig streuen und ihn noch zugedeckt 1/2 Stunde ruhen lassen. Dann schmeckt der Knödel besonders gut. Auf einem bemehlten Brett mit bemehlten Händen 2 längliche oder 3 runde Knödel formen, diese in kochendes Salzwasser legen und 1/2 Stunde kochen. Nach 1/4 Stunde Kochzeit umdrehen. Beim Anrichten die Knödel in gleichmäßige Scheiben schneiden und mit gerösteten Semmelbröseln bestreuen.

Veränderung:

Bei der Zubereitung des Teiges kann man auch nur Sodawasser verwenden. Das Ei quirlt man in diesem Falle nicht hinein, sondern gibt beide Zutaten gesondert in den Teig. Wird der Teig so, also nicht mit Backpulver zubereitet, darf er nicht stehen bleiben. Er muß sofort gekocht werden.

Diese Knödel serviert man zu Schweine- oder Gänsebraten, außerdem zu verschiedenen Fleisch- und Wildgerichten, wenn eine Sahnesauce dabei ist.

Als Alleingericht trägt man sie mit Zwetschgenröstern (Pflaumensauce) oder salzig mit Tomaten-, Pilz- oder Dillsauce auf.

Geröstet, mit darüber geschlagenem Ei und grünem Salat schmekken sie besonders gut.

Grazer Semmelknödel

10 altbackene Semmeln, 50 g Fett, 1 gehackte Zwiebel, 2 Eier, Salz, Mehl nach Bedarf

Die Hälfte der Semmeln feinblättrig schneiden und mit etwas Wasser aufweichen. Die andere Hälfte in kleine Würfel schneiden und mit der gehackten Zwiebel in Fett anrösten. Dann alles zusammen mit den Eiern vermischen, salzen und so viel Mehl beigeben, daß der Teig zusammenhält. Runde Knödel formen, in kochendes Salzwasser legen und 10 bis 15 Minuten ziehen lassen.

Pinzgauer Knödel

8 alte Semmeln, 1/4 l heiße Milch, Salz, 2 EL gehackte Petersilie, 2 EL gehackte Zwiebel, 150 g geräucherter, in Würfel geschnittener Speck, 4 gekochte, gewürfelte Kartoffeln

Semmeln in feine Scheiben schneiden und mit der gesalzenen, heißen Milch übergießen. Diese Masse 30 Minuten ziehen lassen, dann die weiteren Zutaten untermischen, Knödel formen, in kochende Brühe – in der man sie auch serviert – einlegen und langsam garkochen.

Schlesische Semmelklößel

8 Semmeln vom Vortag, 3/8 l Milch, etwas Salz, 1 gehackte Zwiebel, 40 g Butter, 1 EL gehackte Petersilie, 1/2 TL Majoran, 2 Eier

Semmeln in Scheiben schneiden, gesalzene, lauwarme Milch darübergießen. Gehackte Zwiebel in der Butter etwas dünsten, mit Petersilie und Majoran über die Semmeln verteilen und unter den

Teig mischen. Die Masse eine Stunde ziehen lassen. Danach die Eier einarbeiten, mit feuchten Händen mittelgroße Klöße formen. In kochendem Salzwasser ca. 20 Min. garziehen lassen.

Tiroler Fastenknödel

(6 Personen)

10 Semmeln vom Vortag, 50 g Butter, 1/4 l Milch, 4 Eier, Salz, 1 feingehackte Zwiebel und 2 EL feingehackte Petersilie, in Butter angedünstet, 2 EL Semmelbrösel, 1 EL Mehl

Semmeln in kleine Würfel schneiden und in der heißen Butter anrösten. Eier und Salz in der Milch verquirlen, über die angerösteten Semmelwürfel gießen und gut durchziehen lassen. Dann die angeröstete Zwiebel und Petersilie, Semmelbrösel und Mehl beigeben, den Teig gut durcharbeiten und nicht zu große Knödel daraus formen. In kochendes Salzwasser legen und etwa 15 Minuten ziehen lassen. Beliebt zu Tomaten- und Pilzsauce.

Die gleiche Heimat haben die *Schwarzplentenen-Knödel.* Schwarzplent heißt Buchweizen- oder Haidemehl und wird als Zweitfrucht auf den Bergen angebaut:

Schwarzplentene Knödel

8 gehäufte EL Weißbrotwürfel, 40 g Butter, 4 EL in Würfel geschnittener, geräucherter Speck, 2 EL gehackte Petersilie, 2 EL fein geschnittener Schnittlauch, 2 Eier, 12 EL Schwarzplentenenmehl, 1 1/2 Tassen Wasser, Salz

Weißbrotwürfel in Butter anrösten. Die Speckwürfel ebenfalls leicht anrösten und zu den Brotwürfeln geben. Nach und nach alle übrigen Zutaten untermischen, mit Salz abschmecken und einen nicht zu festen Teig arbeiten. Knödel daraus formen, diese in kochendes Salzwasser legen und etwa 15 bis 20 Minuten leise kochen lassen. Man ißt sie gerne zu Gulasch oder Sauerkraut.

Einfache Semmelknödel

8 altbackene Semmeln, 50 g zerlassene Butter oder Margarine, 1/2 l heiße Milch, etwas Salz, 2 Eier, 1 gestrichener TL Backpulver – *Zum Übergießen:* 50 g gebräunte Butter

Semmeln in dünne Scheiben schneiden (oder Knödelbrot verwenden), mit heißem Fett und heißer, etwas gesalzener Milch übergießen. 3/4 Stunde ziehen lassen. Dann die Eier und zum Schluß das Backpulver gut untermischen. Mit nassen Händen mittelgroße, gleichmäßige Knödel formen, diese in kochendes Salzwasser legen und etwa 20 Minuten gar ziehen lassen. Vor dem Anrichten mit gebräunter Butter übergießen.

Abgerührte Semmelklöße

200 g alte Semmeln (etwa 6), 80 g Butter oder Margarine, 4 Eier, 50 g Semmelbrösel, 50 g Mehl, Salz, Pfeffer und Muskat

Die Semmeln in Wasser einweichen und ausdrücken. Die Semmelmasse in die heiße Butter geben und auf dem Herd zu einem Kloß abrühren. Diesen auskühlen lassen, nach und nach Eier, Semmelbrösel, Mehl und Gewürze einrühren. Gleichmäßig große Klöße formen, diese in kochendes Salzwasser legen und etwa 10 Minuten ziehen lassen.

Semmelknödel mit Speck

8 Semmeln vom Vortag, 1/4 l heiße Milch, 20 g Fett, 50 g in kleine Würfel geschnittener Speck, 1 gehackte Zwiebel, 2 EL gehackte Petersilie, 1 EL gehacktes Dillkraut, Salz, Pfeffer, Muskat, 4 bis 5 Eier, etwas Mehl

Semmeln in kleine Würfel schneiden und mit der heißen Milch übergießen. 1/2 Stunde rasten lassen, bis die Semmelwürfel gänzlich mit der Milch durchtränkt sind. Inzwischen im heißen Fett die Fettwürfel und gehackte Zwiebel leicht anrösten, Petersilie und Dillkraut beigeben und über die Semmelwürfel gießen. Wieder einige Minuten ruhen lassen, dann den Teig würzen, die Eier und etwa 2 bis 3 EL Mehl einarbeiten. Die Masse muß gut zusammenhalten. Nicht zu große Knödel formen, in kochendes Salzwasser legen und etwa 15 Minuten ziehen lassen. Mit Schweinebraten und Sauerkraut servieren.

Tiroler Speckknödel

Siehe Seite 86.

Delikate Semmelknödel

3 altbackene Semmeln, 50 g Butter oder Margarine, 3 gekochte Kartoffeln, etwa 1/4 l Milch, 3 Eier, 70 g Grieß, Salz, etwas Muskat – *Zum Bestreuen:* 80 g in Fett geröstete Semmelbrösel

Semmeln in kleine Würfel schneiden und in der Butter rösten. Kartoffeln schälen, durch ein Sieb streichen und mit Milch, Eiern, Grieß, Gewürzen und den Semmelwürfeln mischen. Den Teig 30 Minuten ruhen lassen, dann nicht zu große Knödel formen, diese in kochendes Salzwasser legen und etwa 15 Minuten ziehen lassen. Gut abgetropft in gerösteten Semmelbröseln wälzen.

Süße Semmelklöße

6 altbackene Semmeln, 1/2 l heiße Milch, 60 g zerlassene Butter, 2 Eier, 1 Prise Salz, 2 bis 3 EL Zucker, abgeriebene Schale einer halben ungespritzten Zitrone, 250 bis 300 g Mehl – *Zum Begießen:* 50 g gebräunte Butter

Semmeln in kleine Würfel schneiden, mit der heißen Milch übergießen und 1/4 Stunde ziehen lassen. Dann die Butter, Salz, Zucker, Zitronenschale, Eier unterrühren und zum Schluß das Mehl einarbeiten. Kleine Klöße abstechen, diese in kochendes, leicht gesalzenes Wasser legen und 5 Minuten garziehen lassen. Gut abgetropft mit gebräunter Butter begießen und mit Kompott oder einer Fruchtsauce zu Tisch geben.

Brotknödel

200 g altbackenes Graubrot, knapp 1/4 l Milch, 1 EL frische Butter, 2 Eigelb, 2 EL gehackte Zwiebel, 1 EL gehackte Petersilie, etwas Salz, Majoran, Muskat – *Zum Kochen:* Fleisch- oder Gemüsebrühe oder Salzwasser – *Zum Bestreuen:* Geröstete Zwiebel

Brot in kleine Würfel schneiden, mit kochender Milch übergießen und einige Minuten ziehen lassen. Danach die Eigelb, die in der heißen Butter gedünstete Zwiebel und Petersilie unterrühren und die Masse mit den angegebenen Zutaten abschmekken. Knödel formen, diese in kochende Brühe oder kochendes Wasser legen und 10 Minuten leise kochen lassen. Vorsichtig mit einem Schaumlöffel herausnehmen, in einer vorgewärmten Schüssel anrichten und mit gerösteten Zwiebeln bestreuen. Sie passen zu Gemüsen, wie Spinat, Grünkohl, Rotkraut, Kohlrabi usw.

Gewürzknödel

6 altbackene Semmeln, 1/4 l Wasser, 3 Eier, 500 g gekochte Kartoffeln, 1/2 TL Salz, 1 TL Majoran, je 1 Msp Pfeffer und Muskat, Mehl nach Bedarf

Die Semmeln in kleine Würfel schneiden, Wasser mit den Eiern verquirlen und darübergießen. Kartoffeln schälen, reiben und mit allen angegebenen Gewürzen vermischen. Dann erst die durchweichten Semmelwürfel mit der Kartoffelmasse gut vermengen. So viel Mehl beigeben, daß der Teig zusammenhält. Daraus nicht zu große Knödel formen und diese in kochendes Salzwasser legen und etwa 15 Minuten garziehen lassen.
Man ißt sie gerne zu Schweinebraten und allen Kohlgemüsen.

Tiroler Schwammerlknödel

6 altbackene Semmeln, 1/4 l Milch, 3 Eier, etwas Salz, 50 g Butter, 1 kleine gehackte Zwiebel, 2 EL gehackte Petersilie, 250 g gesäuberte, klein geschnittene Eierschwammerl (Pfifferlinge)

Die Semmeln in kleine Würfel schneiden und im Rohr rösten. In der Milch die Eier mit dem Salz verquirlen, über die Semmelwürfel gießen und einige Minuten ziehen lassen. Inzwischen in der heißen Butter die Zwiebel und Petersilie etwas dünsten, Schwammerl beigeben und weichdünsten lassen. Zu der Semmelmasse geben, den Teig gut durcharbeiten und nochmals 1/2 Stunde ziehen lassen. Danach mittelgroße Knödel formen — wenn nötig den Teig noch mit etwas Mehl binden — diese in kochendes Salzwasser legen und 20 Minuten leise kochen lassen. Dazu reicht man am besten grünen Salat.

Mehlknödel – Mehlklöße

Heut bin i wieder kreuzfidel,
kocht mei Mutter Klöß vo Mehl,
gestern hats Dampfnudeln geb'n
des is a Leb'n!

Mehlknödel

250 g Mehl, 2 Eier, Milch nach Bedarf, etwas Salz, 4 in Würfel geschnittene Semmeln vom Vortag, 30 g Butter

Aus Mehl, Eiern, Milch und Salz einen festen Pfannkuchenteig bereiten. Die Semmelwürfel in der heißen Butter hell rösten und erkaltet in den Teig geben. Mit nassen Händen mittelgroße Knödel formen, diese in kochendes Salzwasser legen und etwa 15 Minuten ziehen lassen.
Eine gute Beilage zu Schweinebraten und Kraut, zu jedem anderen Braten, gedünsteten Gemüsen, pikanten Saucen und als herzhaftes Gericht mit leicht gerösteten Zwiebelringen bestreut zu grünem Salat.

Mehlklöße

50 g Butter oder Margarine, etwas Salz, 3 Eier, 400 g Mehl mit 1 TL Backpulver vermischt, etwa 1/8 l Milch – *Zum Bestreuen:* Geröstete Semmelbrösel

Butter oder Margarine schaumig rühren, Salz, nach und nach die Eier, abwechselnd das mit dem Backpulver vermischte Mehl und die Milch einrühren. Den Teig gut abschlagen. Einen EL in heißes Wasser tauchen und Klöße abstechen. Diese in kochendes Salzwasser legen und etwa 10 Minuten leise kochen lassen. Mit gerösteten Semmelbröseln bestreut zu Gemüsen, Fleischspeisen oder zu Backobst servieren.

Mehlknödel mit Kartoffeln

250 g Mehl, 250 g gekochte Pellkartoffeln vom Vortag, etwas Salz und Pfeffer und Muskat, 3 Eier, 5 EL Milch, 1 in Würfel geschnittene, in 30 g Butter geröstete Semmel

Mit dem Mehl die geschälten, feingeriebenen Kartoffeln und Gewürze gut vermischen. Die mit der Milch verquirlten Eier unterrühren und zum Schluß die gerösteten Semmelwürfel einarbeiten. Aus der Masse nicht zu große Knödel formen und in kochendes Salzwasser legen. Etwa 5 Minuten ziehen lassen und zu Gemüse- und Fleischspeisen reichen.

Kleine Mehlklößchen

2 Eier, 1/8 l Wasser, etwas Salz, Mehl nach Bedarf — *Zum Übergießen:* 50 g zerlassene Butter, 1/8 saure Sahne

Die Eier mit Wasser und Salz versprudeln. So viel Mehl unterrühren, daß ein mittelfester Teig entsteht. Diesen gut abschlagen, auf ein nasses Brett geben und mit einem scharfen Messer kleine Klößchen in siedendes Salzwasser stoßen. Sobald die Klößchen schwimmen, sind sie gar. Auf einem Seihlöffel gut abtropfen lassen, in eine vorgewärmte Schüssel legen und mit heißer Butter, in die man die saure Sahne gequirlt hat, übergießen.

Veränderung:
Die fertigen Klößchen in eine Pfanne mit 50 g zerlassener Butter geben, darüber 5, mit 1/8 l saurer Sahne verquirlte Eier gießen und unter ständigem, vorsichtigem Rühren so lange am Feuer lassen, bis die Eier stocken.

Blitzknödel

500 g Mehl, 1 Päckchen Backpulver, 3 Eier, etwa 1/4 l Milch, 40 g zerlassene Butter oder Margarine, etwas Salz – *Zum Übergießen:* 50 g gebräunte Butter

Das Mehl mit dem Backpulver mischen und sieben, mit allen angegebenen Zutaten rasch zu einem glatten Teig verarbeiten. Nicht zu große Knödel formen und in einem breiten Topf etwa 10 Minuten in Salzwasser leise kochen lassen. Die fertigen Knödel mit einer Gabel aufreißen und mit brauner Butter begießen.

Prager Mehlknödel

500 g Mehl, 2 Eigelb, Salz, ungefähr 1/3 l Milch, 2 abgeriebene Semmeln, in kleine Würfel geschnitten und in 20 g Fett geröstet – *Zum Begießen:* 50 g heiße Butter

Die Milch mit Eigelb und Salz verquirlen und in das Mehl einrühren. Der Teig darf nicht zu fest sein. Kurz vor dem Kochen die ausgekühlten Semmelwürfel darunter mischen. Zwei runde oder einen länglichen Knödel formen, diesen in kochendes Salzwasser legen und 1/2 Stunde kochen (nach der halben Kochzeit umdrehen). Den fertigen Knödel in Scheiben schneiden und mit heißer Butter begießen.

Fränkische feine Mehlknödel

(6 Personen)

500 g Mehl, 4 Eier, etwas Salz, 1/4 l Milch (gut gemessen), 4 in Würfel geschnittene Semmeln, 50 g Fett

Aus Mehl, Eiern, Salz und Milch einen glatten Teig – wie zu Spätzleteig – herstellen. Die im Fett gerösteten Semmelwürfel untermischen und den Teig eine Stunde ziehen lassen. Danach mit einem Schaumlöffel Knödel in kochendes Salzwasser einlegen und zugedeckt 20 bis 30 Minuten leise kochen lassen.

Mehlklöße aus Brandteig

$^1/_2$ l Milch, 50 g Butter, etwas Salz, 250 g Mehl, 4 Eier, 1 EL Semmelbrösel, 1 Msp Muskat

Milch, Butter und Salz zum Kochen bringen, das Mehl auf einmal hineinschütten und zu einem festen Teig anrühren. Vom Feuer nehmen, nach und nach die Eier sowie Semmelbrösel unterrühren und die Masse mit Muskat abschmecken. Kleine Klößchen abstechen, in kochendes Salzwasser legen und etwa 5 Minuten garziehen lassen. Zu gedünsteten Gemüsen reichen.

Veränderung:
Anstelle den Teig mit Muskat zu würzen, abgeriebene Schale einer Zitrone und 1 EL Zucker beifügen. In diesem Fall ein Kompott dazu servieren.

Böhmische Hefeknödel

500 g Mehl, $^1/_4$ l Milch, 1 Prise Zucker, 15 g Hefe, etwas Salz, 1 Ei – *Zum Begießen:* 30 g heiße Butter

Die Hefe in der lauwarmen Milch auflösen, eine Prise Zucker beigeben, etwas aufgehen lassen und unter das Mehl rühren. Ei und Salz zufügen und den Teig gut abschlagen. Etwa eine Stunde gehen lassen, danach auf einem bemehlten Brett gleichmäßig große Knödel formen, diese mit einem Tuch bedecken und nochmals gehen lassen. Die aufgegangenen Knödel in kochendes Salzwasser legen, zugedeckt 5 Minuten leise kochen, umdrehen und im offenen Topf noch einige Minuten ziehen lassen. Abtropfen, mit zwei Gabeln zerreißen, mit heißer Butter beträufeln und zu Fleischgerichten oder Saucen reichen. Sehr beliebt zu Knoblauchsauce und Selchfleisch.

Geschwinde Knödel, Egerländer Art

1 l Milch, etwas Salz, 200 g Mehl oder Grieß, 50 g Kartoffelmehl, 50 g Butter, 1 Ei, 1 in Würfel geschnittene, geröstete Semmel, Ausbackfett

Die Milch mit dem Salz zum Kochen bringen, Mehl oder Grieß sehr schnell einkochen, die Masse vom Feuer nehmen und noch heiß nach und nach mit den übrigen Zutaten verrühren. In einer Pfanne Fett erhitzen, vom Teig mit einem Eßlöffel Nocken abstechen, in das Fett legen und auf beiden Seiten goldgelb backen.

Knödel aus Buchweizenmehl

250 g Buchweizenmehl, 1 l Milch, 80 g Butter, Salz, 4 Eier, 2 EL gehackte Petersilie

Das Buchweizenmehl in der Milch mit Butter und Salz zu einem dicken Brei kochen. Erkalten lassen, nach und nach die Eier und Petersilie einrühren. Mit bemehlten Händen Knödel formen, in kochendes Salzwasser legen und 10 bis 15 Minuten ziehen lassen.

Klümp

sind in Nordfriesland zu Hause. ›Fett und Klümp‹ ist das beliebteste Gericht. ›Fett‹ ist ein mageres Stück Schweinefleisch.

1 kg gekochte Kartoffeln, 100 g goldbraun gebratener, gewürfelter Speck, 250 g Buchweizenmehl, 4 Eier, etwas lauwarme Milch, Salz nach Geschmack

Aus allen Zutaten einen festen Teig kneten, 1/2 Stunde ruhen lassen, mit bemehlten Händen nicht zu kleine Klöße formen, diese in leicht siedendes Salzwasser legen und kochen lassen, bis sie an die Oberfläche kommen. Statt Buchweizenmehl kann man auch Weizenmehl oder Weizen- und Roggenmehl gemischt verwenden.

Holzknechtknödel

Wie schon aus dem Namen zu entnehmen ist, handelt es sich hier um besonders sättigende Knödel, die nicht jeder Magen vertragen kann.

Knödelbrot wird in Wasser eingeweicht, ausgedrückt, etwas gesalzen und mit heißer Butter übergossen. Dann arbeitet man so viel Roggenmehl ein, daß ein nicht zu fester Teig entsteht, aus dem große Knödel geformt werden, die man gleich in der fertigen Suppe gar kocht.

Je weiter man in Österreich die Berge hinaufsteigt, trifft man Holzknechte, die oft wochenlang in kein Dorf kommen und sich daher selbst verpflegen müssen. Die Auswahl ihrer Gerichte wird immer geringer und unter den wenigen Speisen, die sie sich zubereiten, sind es Knödel, denn die ›halten an‹ und schmekken gut. Sie werden ganz einfach hergestellt, viel Umstände können da nicht gemacht werden.

In einer Holzschüssel wird aus Mehl, Wasser und Salz ein Teig gerührt, von dem man mit einem Löffel Knödel in heißes Schmalz legt und sie darin so lange braten läßt, bis sie schön knusprig braun sind. Ist die Teigschüssel leer und der letzte Knödel gebacken, verrührt man in der Schüssel etwas Zucker mit Most oder leichtem Essigwasser. Dieses wird in das heiße restliche Schmalz gegossen, daß es nur so zischt, und dann werden die Knödel damit getränkt. Im Volksmund heißen sie Holzknechttranken.

»Gwichste«

Nur wer Niederbayern kennt, hat mit diesen Knödeln seine Bekanntschaft gemacht. Sie sind glatt und glänzend wie ein gewichster Schuh. Mit den anderen, bekannten lockeren bayerischen Knödeln haben sie gar nichts gemeinsam, denn sie sind hart, und das Essen dieser Knödel muß gelernt sein.
Zubereitet werden sie aus Roggenmehl, lauwarmem Wasser und etwas Salz. Der Teig muß ziemlich fest sein. Dann werden kleine Stücke abgezupft und unter der Hand rund gerollt. Wer Übung hat, rollt unter jeder Hand einen Knödel. Sie dürfen nicht sehr groß sein. Dann werden sie in Salzwasser gekocht und in der Suppe gegessen. In manchen Orten schneidet man in den Gwichstenteig Schwarzbrotwürfel oder Kreml (Grammeln) hinein.

Großer Mehlkloß, auf Backobst gekocht

60 g Butter oder Margarine, 80 g Zucker, 3 Eier, 1 Prise Salz, abgeriebene Schale 1 ungespritzten Zitrone, 500 g Mehl, vermischt mit 1 Päckchen Backpulver, knapp 1/4 l Milch, 250 g über Nacht in 3/4 l Wasser eingeweichtes Backobst, 50 g Zucker, 1 Stückchen Zitronenschale — *Zum Übergießen:* 50 g gebräunte Butter

Butter oder Margarine schaumig rühren, Salz, Zitronenschale beigeben und abwechselnd mit der Milch das mit Backpulver vermischte Mehl einrühren. Das Backobst im Einweichwasser mit Zucker und Zitronenschale zum Kochen bringen, aus dem Teig mit bemehlten Händen einen großen Kloß formen und auf das kochende Backobst legen. Zugedeckt 1 1/2 Stunden leise kochen lassen, dann den Topf öffnen und den Kloß noch einige Minuten ziehen lassen. In einer vorgewärmten Schüssel anrichten, den Kloß mit zwei Gabeln aufreißen und mit gebräunter Butter begießen.

Dithmarscher Mehlbeutel

Sicher kennen Sie Dithmarschen, die kleine fruchtbare Landschaft Holsteins zwischen Elbe und Eider. Die gleichnamigen Bewohner bildeten im 14. Jahrhundert – 1359 – eine selbständige Bauernrepublik. Im Jahre 1500 siegten sie bei Hemmingstedt über König Hans von Dänemark und Friedrich von Holstein. Es war ihr letzter Freiheitskampf.

Das Leibgericht der bäuerlichen Bevölkerung Dithmarschens ist der Mehlbeutel, auch ›großer Hans‹ genannt und auf die verschiedensten Arten zubereitet. Er kommt weiß, bunt, mit Rosinen, nach dem Schlachtfest schwarz — auch Blutbeutel genannt — und als Buchweizenmehlbeutel auf den Tisch. Er fehlt auf keiner Festtafel, und beim Ernteschmaus werden oft 10 bis 12 verschiedene Mehlbeutel aufgetragen. Er ist ein Gericht, das jede Bäuerin nach ihrem eigenen Geschmack abwandeln kann, und auch die Beilagen können ganz verschieden sein. Lassen Sie sich in Dithmarschen davon überraschen!

Die große Beliebtheit des Mehlbeutels erkennt man aus folgender Antwort, die ein junger Mann, der auf Brautschau gegangen war, erhalten hat: »Se kann een Pott Eeten kocken und sett di ok een Möbüdel opn Disch« (Sie kann einen Topf Essen kochen und setzt dir auch einen guten Mehlbeutel auf den Tisch).

Hier das Rezept (für 6 Personen)

200 g zerlassene Butter, 150 g Mehl, 1 l Milch, 6 Eier, getrennt, etwas Salz, Muskat und Kardamom — beliebige Fruchtsauce

In die zerlassene Butter werden nach und nach das Mehl, die Milch und die Eigelb sowie Gewürze unter ständigem Rühren gegeben. Zum Schluß den steifgeschlagenen Eischnee unterziehen. Die Masse wird in ein großes nasses Tuch gefüllt, dieses an allen vier Ecken zusammengeknotet und dann für eine Stunde in siedendes Salzwasser gehängt, ohne daß es den Topfboden berührt und ohne daß es mit dem Wasser in Berührung kommt. Mit Fruchtsauce reichen.

Süße Mehlknödel

125 g Butter, 3 Eier, 1 EL Zucker, 1 Prise Salz, abgeriebene Schale 1 ungespritzten Zitrone, 250 g Mehl, vermischt mit 1 Msp Backpulver, etwa 3/8 l Milch – *Zum Begießen:* 50 g gebräunte Butter

Butter, Zucker, Eier schaumig rühren, Salz, Zitronenschale und abwechselnd das mit dem Backpulver vermischte Mehl und Milch beigeben. Mit einem EL Klöße abstechen, in kochendes Salzwasser legen und 10 bis 15 Minuten ziehen lassen. Die fertigen Knödel mit gebräunter Butter begießen und mit beliebiger Fruchtsauce zu Tisch geben.

Veränderung:
In den Teig 50 g Rosinen und 2 EL gehackte Mandeln geben.

Spinatknödel

30 g Butter oder Margarine, 3 Eigelb, 150 g Mehl, etwa 6 EL Semmelbrösel, 4 EL heißes Wasser, Salz, Pfeffer und Muskat, 12 EL feingewiegter Spinat

Butter oder Margarine schaumig rühren, nach und nach Eigelb, Mehl und Semmelbrösel beigeben, dann das heiße Wasser und die Gewürze. Zum Schluß den Spinat untermengen. Aus der Masse kleine Knödelchen formen, in kochendes Salzwasser einlegen und 5 Minuten bei offenem Topf leise kochen lassen.

Salzige und süße Knödel, in der Serviette gekocht

In diesem Kapitel geht es nicht um ›die‹ Knödel, sondern um ›den‹ Knödel. Er hat eine runde oder längliche Form — dem Brotlaib ähnlich — und wird in eine nasse Serviette eingeschlagen, die über einen quer über den Kochtopf gelegten Kochlöffel in das sprudelnde Wasser gehängt und gekocht wird. Der fertige Knödel wird in Scheiben geschnitten, wenn er sehr zart ist, mit einem Faden, und auf einer vorgewärmten Platte serviert.

Serviettenmehlknödel

250 g Mehl, 2 Eier getrennt, etwas Salz, etwa 1/3 l Milch, geröstete Semmelwürfel von 2 altbackenen Semmeln — *Zum Begießen:* zerlassene, heiße Butter

Mehl, Eigelb und Salz verrühren und so viel Milch beigeben, daß der Teig cremeartig wird. Diesen gut abschlagen und die goldgelb gerösteten Semmelwürfel unterrühren. Zuletzt den steifen Eischnee leicht unterheben. Den Teig auf einer nassen Serviette zu einer Rolle formen, leicht einbinden und in kochendem Salzwasser 1 Stunde leise gar werden lassen. Kurz vor dem Auftragen aus der Serviette wickeln, mit einem Faden in gleichmäßige Scheiben schneiden und mit heißer Butter beträufeln. Zu Fleisch, Saucen oder Gemüsen reichen.

Serviettenmehlknödel auf andere Art

50 g Butter oder Margarine, 3 Eier getrennt, 1/4 l Milch, 250 g Mehl, 1 Msp Salz, 3 abgerindete, in Würfel geschnittene, in 50 g Butter geröstete Semmeln – *Zum Übergießen:* 50 g gebräunte Butter

Butter oder Margarine schaumig rühren, nach und nach Eigelb, Milch, Mehl und Salz beigeben. Steif geschlagenen Eischnee mit den Semmelwürfeln vermischen und unter den Teig rühren. einen länglichen Knödel formen, diesen locker in eine nasse, ausgedrückte Serviette binden. In kochendes Salzwasser legen und etwa 45 Minuten leise kochen lassen. Aus der Serviette nehmen, in fingerdicke Scheiben schneiden und mit gebräunter Butter beträufeln.

Serviettenmehlknödel als Fleischbeilage

6 altbackene Semmeln, 1/4 l Milch, 3 Eier, etwas Salz, Mehl nach Bedarf – *Zum Begießen:* zerlassene, heiße Butter

Die Semmeln würfelig oder in Scheiben schneiden, Milch mit den Eiern und Salz verquirlen, über die Semmeln gießen und durchtränken lassen. Danach so viel Mehl zugeben, daß der Teig zusammenhält. Eine Serviette in kaltes Wasser tauchen, ausdrücken und den Teig als langen Knödel locker in die Serviette binden. 1/2 Stunde in Salzwasser langsam kochen lassen. Vor dem Anrichten die Serviette öffnen, den Knödel in gleichmäßige, fingerdicke Scheiben schneiden und mit Butter beträufeln.
Nach Wunsch kann man auch 1 gehackte, leicht angeröstete Zwiebel unter den Teig mischen.

Prager Grießknödel, in der Serviette gekocht

$^3/_8$ l Milch, etwas Salz, 180 g Grieß, 3 Eier getrennt, 3 in Würfel geschnittene, altbackene Semmeln – *Zum Überstreuen:* In 80 g Butter geröstete Semmelbrösel

Milch mit dem Salz zum Kochen bringen, den Grieß einkochen und die Masse $^1/_2$ Stunde ruhen lassen. Dann nach und nach die Eigelb einrühren, den steifen Eischnee unterziehen und erst zum Schluß die Semmelwürfel daruntermengen. Den Teig zu einer Rolle formen und in eine in kaltem Wasser ausgedrückte Serviette leicht einbinden. Den Knödel 35 Minuten in Salzwasser leise kochen. Kurz vor dem Anrichten in Scheiben schneiden, auf einer vorgewärmten Platte anrichten und mit gerösteten Semmelbröseln bestreuen. Dazu schmeckt besonders gut eine Tomaten- oder Powidlsauce.

Serviettenkloß aus Grieß

(6 Personen)

1 l Milch, 60 g Butter, 300 g Grieß, 4 Eier, etwas Salz, Zucker nach Geschmack, abgeriebene Schale einer halben, ungespritzten Zitrone (will man den Kloß zu salzigen Saucen reichen, läßt man Zucker und Zitronenschale weg)

Die Milch mit der Butter zum Kochen bringen, den Grieß einkochen und etwas quellen lassen. In die etwas überkühlte Masse nach und nach die Eier sowie Geschmackszutaten einrühren. Den Teig zu einem großen Kloß formen und in eine in kaltem Wasser ausgedrückte Serviette legen. Locker zusammenbinden, damit der Kloß aufgehen kann und 1 Stunde in Salzwasser leise kochen. Es ist zu empfehlen, auf den Topfboden einen umgekehrten Teller zu stellen, darauf den Serviettenkloß zu geben, um das Anbrennen zu verhindern. Man stürzt ihn wie einen Pudding und reicht ihn, wenn er süß ist, mit Fruchtsaft und wenn er salzig zubereitet wurde, mit einer pikanten Tomatensauce.

Grießserviettenknödel mit Quark

250 g Quark, 60 g Butter oder Margarine, 2 Eier, etwas Salz, 125 g grober Grieß – *Zum Begießen:* Zerlassene, heiße Butter

Den Quark durch ein Sieb streichen. Butter, Eier und Salz schaumig rühren, erst den Quark, dann den Grieß untermischen. Den Teig locker in eine in kaltem Wasser ausgedrückte Serviette einbinden. 20 Minuten in Salzwasser leise kochen. Den fertigen Knödel in gleichmäßige Scheiben schneiden, mit heißer Butter beträufeln und zu Kompotten oder Gemüsen reichen.

Serviettenknödel aus Vollkornbrot

400 g in etwas Milch und Wasser eingeweichtes Vollkornbrot, 1/2 Zwiebel, nach Wunsch eine kleine Knoblauchzehe, etwas Salz, 2 EL gehackte Petersilie, etwas Thymian, 2 Eier – *Zum Bestreuen:* Geröstete Zwiebel

Eingeweichtes, ausgedrücktes Vollkornbrot mit Zwiebel und Knoblauch durch die Fleischmaschine drehen. Mit den anderen Zutaten vermischen, würzen und auf einer nassen Serviette zu einem länglichen Knödel formen und locker einbinden. In kochendes Salzwasser legen und 30 Minuten leise kochen. In Scheiben schneiden, mit gerösteten Zwiebeln bestreuen und zu Gemüsen servieren.

Serviettenkloß

6 altbackene Semmeln, etwa 1/8 l Milch, 3 Eier, 2 EL feingehackte Zwiebel, 1 EL feingehackte Petersilie, 50 g Butter oder Margarine, etwas Salz

Die Semmeln in dünne Scheiben schneiden und mit den in der Milch verquirlten Eiern übergießen. Den Semmelteig 1/2 Stunde weichen lassen. Inzwischen die gehackte Zwiebel und Petersilie in der heißen Butter leicht dünsten, dann unter die Semmelmasse mischen und Teig mit Salz abschmecken. Nun formt man einen Kloß, bindet ihn locker in eine mit Butter bestrichene Serviette und kocht ihn leise 3/4 Stunde in Salzwasser. Vorsichtig aus der Serviette nehmen, in fingerdicke Scheiben schneiden und zu gedünsteten Pilzen, Gemüsen oder pikanten Saucen reichen.

Servietten-Semmelknödel

(6 Personen)

9 altbackene Semmeln, 60 g Butter, oder Margarine, 1/2 l Milch, 2 Eier, etwas Salz, 2 bis 3 EL Mehl – *Zum Begießen:* 50 g gebräunte Butter

6 Semmeln in kleine Würfel schneiden und im Fett goldgelb rösten. Die restlichen Semmeln in dünne Scheiben schneiden und mit der Hälfte der Milchmenge übergießen. Die restliche Milch mit den Eiern, Salz und Mehl zu einem dünnen Pfannkuchenteig verquirlen, über die getränkten Semmelscheiben gießen und alles zu einem lockeren Teig verrühren. Zum Schluß die gerösteten Semmelwürfel untermischen. Den Teig in eine nasse, gut ausgedrückte Serviette, zu einer Rolle geformt, locker einwickeln, in kochendes Salzwasser legen und eine Stunde leise kochen lassen. Vor dem Anrichten den Knödel vorsichtig aus der Serviette nehmen, mit einem Faden in fingerdicke Scheiben schneiden, mit gebräunter Butter beträufeln und zu salzigen oder süßen Saucen, zu Salaten oder Kompotten reichen.

Hefekloß in der Serviette

250 g Mehl, einige EL Milch, 1 Prise Zucker, 10 g Hefe, 2 Eier, 30 g flüssige, lauwarme Butter oder Margarine, etwas Salz und Muskat

Hefe mit lauwarmer Milch und Zucker anrühren, etwas aufgehen lassen und unter das Mehl rühren. Eier, lauwarmes Fett, Salz und Muskat beigeben und den Teig gut abschlagen. Man legt ihn dann auf eine mit Butter bestrichene, mit Mehl bestäubte Serviette und läßt ihn gut aufgehen. Danach die Serviette locker zusammenbinden und den Kloß in einen hohen Topf mit kochendem Wasser – er darf den Boden nicht berühren – etwa 1/2 Stunde leise kochen.

Runder Quarkknödel, in der Serviette gekocht

70 g Butter oder Margarine, 2 EL Zucker, 5 Eier getrennt, 500 g Quark, 125 g Grieß, 1 Prise Salz, abgeriebene Schale einer halben Zitrone – *Zum Übergießen:* 50 g Butter

Butter oder Margarine schaumig rühren, Zucker, nach und nach die Eigelb, den Quark und den Grieß unterrühren. Mit Salz und Zitronenschale würzen und zum Schluß den steifen Eischnee unterziehen. Aus der Masse einen großen Knödel formen, diesen in eine nasse Serviette binden und 3/4 Stunde in Salzwasser leise kochen. Auf einer vorgewärmten Platte anrichten, wie eine Torte teilen, mit heißer Butter übergießen und dazu einen beliebigen Fruchtsaft reichen.

Veränderung: Man kann dem Teig 80 g Rosinen beigeben. In diesem Fall unter den Grieß 1 Msp Backpulver mischen.

Serviettenknödel mit geräuchertem Fleisch

5 altbackene Semmeln, 3 EL Mehl, 1/2 l Milch, 1 Msp Salz, je 1 Prise Pfeffer und Paprika, 80 g Butter oder Margarine, 150 g feingewiegtes, geräuchertes Fleisch, 1 EL gewiegte Petersilie, Semmelbrösel nach Bedarf — *Zum Überstreuen:* Geröstete Zwiebelringe

Semmeln in kleine Würfel schneiden und mit dem Mehl vermischen. Milch mit Eiern und Gewürzen verquirlen, über die Semmelwürfel gießen und einige Zeit stehen lassen. Inzwischen Butter oder Margarine schaumig rühren, gewiegtes Fleisch und Petersilie zugeben und mit der Semmelmasse vermischen. Ist der Teig zu weich, mit etwas Semmelbrösel andicken. Aus der Masse eine Rolle formen, locker in eine nasse Serviette einbinden und in kochendes Salzwasser legen. 3/4 Stunde leise kochen lassen. Den fertigen Knödel in fingerdicke Scheiben schneiden, auf eine vorgewärmte Platte legen und mit gerösteten Zwiebelringen belegen. Man kann diesen Knödel zu Sauerkraut, Tomaten- oder Pilzsauce reichen.

Österreichischer Serviettenknödel

125 g Butter oder Margarine, 3 Eier, 125 g gehackter Schinken, 125 g geriebener Emmentaler, 125 rohes, gehacktes Weißkraut, 4 in kleine Würfel geschnittene Semmeln, etwas Salz und Pfeffer, Mehl nach Bedarf — *Zum Beträufeln:* 50 g zerlassene Butter — *Zum Bestreuen:* 2 EL geriebener Emmentaler

Butter oder Margarine schaumig rühren, nach und nach mit den übrigen Zutaten vermischen. Den Teig als länglichen Knödel in eine in kaltem Wasser ausgedrückte Serviette locker einbinden, in kochendes Salzwasser hängen und etwa 40 Minuten leise kochen lassen. In Scheiben schneiden, mit zerlassener Butter beträufeln und mit Käse bestreuen. Dazu eine Tomatensauce reichen.

Gemüse-Serviettenknödel

Je 100 g grüne Erbsen, fein geschnittene grüne Bohnen, in kleine Würfel geschnittene Karotten, kleine Blumenkohlröschen — oder ein Paket tiefgekühltes Suppengemüse —, 60 g Butter oder Margarine, 1 gehackte Zwiebel, 8 in kleine Würfel geschnittene altbackene Semmeln, 1/8 l Milch, 3 Eier, Salz, etwas Muskat, 2 EL gehackte Petersilie — *Zum Übergießen:* 50 g gebräunte Butter

Alle Gemüse weichkochen. In heißem Fett die Zwiebel anrösten. Die Milch mit den Eiern verquirlen, über die Semmelwürfel gießen und dann alle Zutaten gut vermischen, mit Salz, Muskat und Petersilie abschmecken. Den Knödel in eine angefeuchtete Serviette locker einbinden, in kochendes Salzwasser legen und 1/2 Stunde leise kochen. In Scheiben geschnitten anrichten, mit gebräunter Butter übergießen. Dazu grünen Salat reichen.

Käsekloß

125 g Butter oder Margarine, 5 Eier, 125 g geriebener Käse, 8 in Milch eingeweichte, ausgedrückte Semmeln, 1 EL gehackte Petersilie

Butter oder Margarine schaumig rühren, nach und nach die Eier, den Käse, ausgedrückte Semmeln und Petersilie einrühren. Die Masse locker in eine nasse Serviette binden, in kochendes Salzwasser legen und etwa 1/2 Stunde leise kochen lassen. Den fertigen Kloß in Scheiben schneiden, mit gebräunter Butter übergießen und eine Tomatensauce dazu reichen.

Kartoffelkloß

125 g Butter oder Margarine, 6 Eigelb, 250 g gekochte, geriebene Kartoffeln, 2 eingeweichte, ausgedrückte, altbackene Semmeln, etwas Salz und Muskat – Zum Einfetten der Serviette: Etwas Butter und Mehl – *Zum Übergießen:* 80 g gebräunte Butter

Alle Zutaten zu einem Teig verkneten, diesen mit Salz und Muskat würzen, in eine mit Butter bestrichene und mit Mehl bestäubte Serviette füllen, in kochendes Salzwasser hängen und 20 Minuten leise kochen lassen. Herausnehmen, auf eine vorgewärmte Schüssel legen und mit brauner Butter übergießen. Mit grünem Salat servieren.

Gerollter Kartoffelknödel

1 kg gekochte Kartoffeln, 2 Eier, Salz, etwa 200 g Mehl – *Zum Füllen:* 1 gehackte, in 30 g Fett geröstete Zwiebel, 100 g in 80 g Fett geröstete Semmelbrösel, oder: 80 g in 60 g Fett geröstete Semmelbrösel und 200 g feingehackte Fleischreste oder die gleiche Menge feingehacktes, geräuchertes Fleisch – *Zum Begießen:* 50 g heiße Butter oder heißes Fett

Die Kartoffeln schälen und noch heiß durch die Kartoffelpresse drücken. Auf einem bemehlten Brett mit den Eiern, Salz und Mehl zu einem glatten Teig verarbeiten. Rechteckig ausrollen, mit beliebiger Fülle bestreuen und den Teig zusammenrollen. In eine mit kaltem Wasser befeuchtete Serviette locker einbinden und in kochendes Salzwasser geben. 35 Minuten leise kochen lassen, dann den Knödel in Scheiben schneiden, mit heißem Fett übergießen und zu Sauerkraut oder gedünstetem Kraut servieren.

Kloster-Neuburger Knödel

100 g Butter oder Margarine, 3 Eier, 150 g Grieß, 150 g Kartoffelschnee (in der Schale gekochte Kartoffeln, heiß durch die Kartoffelpresse drücken und abkühlen lassen), 200 g gekochtes, grob gewiegtes, geräuchertes Fleisch oder grob gewiegter Schinken, Salz und Muskat nach Geschmack – *Zum Bestreuen:* In 50 g Butter geröstete Semmelbrösel

Butter und Eier schaumig rühren. Nach und nach die anderen Zutaten hinzufügen, zum Schluß das Fleisch untermengen und die Masse mit Salz und Muskat würzen. Einen länglichen oder runden Kloß formen, locker in eine angefeuchtete Serviette binden, in leicht gesalzenes, kochendes Wasser legen und 3/4 bis 1 Stunde langsam kochen lassen. In Scheiben geschnitten auf einer vorgewärmten Platte anrichten, mit Semmelbröseln bestreuen und mit grünem Salat oder Krautsalat zu Tisch geben.

Bayerischer Semmelkloß

6 altbackene Semmeln, 1/4 l kochende Milch, 80 g Butter oder Margarine, 6 Eier getrennt, 250 g gekochte, geriebene Kartoffeln, je 1 EL feingehackte Zwiebel und Petersilie, in etwas Fett gedünstet, 1/2 TL Salz, 1 Msp Muskat, etwas Basilikum

Semmeln in Würfel schneiden, mit der kochenden Milch überbrühen und 1/4 Stunde zugedeckt durchziehen lassen. Inzwischen die Butter oder Margarine schaumig rühren, nach und nach die Eigelb zugeben und mit den geriebenen Kartoffeln, gedünsteten Zwiebeln und Petersilie gut verrühren, mit der Semmelmasse zu einem Teig abarbeiten und abschmecken. Zum Schluß den steifen Eischnee unterziehen. Die Masse in ein sehr gut gefettetes, mit Mehl bestäubtes Tuch locker einbinden und 1 Stunde langsam kochen. Den fertigen Kloß mit einem Faden in Scheiben schneiden und mit einer pikanten Tomatensauce und grünem Salat zu Tisch geben.

Gefüllter Hefekloß

500 g Mehl, 25 g Hefe, gut 1/8 l lauwarme Milch, 50 g Zucker, 60 g Butter, 1 Ei, 1 Eigelb, 1 Prise Salz, abgeriebene Schale einer halben Zitrone – *Zur Fülle:* 100 g in 50 g Butter geröstete Semmelbrösel, 3 bis 4 EL Zucker, mit etwas Zimt vermischt, 50 g gehackte Nüsse oder Mandeln, 100 g Rosinen, reichlich Butter – *Zum Bestreuen:* Zimtzucker

Wie üblich einen Hefeteig bereiten und kurz aufgehen lassen. Danach auf einem bemehlten Brett ziemlich dünn ausrollen. Man bestreut die Teigplatte mit den gerösteten Semmelbröseln, Zimtzucker, Nüssen oder Mandeln und vorgequollenen Rosinen. Dann rollt man alles zu einer Wurst ein, die man während des Rollens immer wieder mit zerlassener Butter betropft. Diese strudelartige Wurst dreht man zu einer Schnecke zusammen und bindet diese locker in eine gebutterte, bemehlte Serviette. Oben durch den Bund steckt man zwei sich kreuzende Kochlöffel, hängt daran den Serviettenkloß in einen Topf mit so viel kochendem Salzwasser, daß der Kloß den Boden nicht berührt und noch aufgehen kann. Eine Stunde leise kochen lassen. Mit Serviette auf einem Sieb abtropfen lassen, auf eine Platte stürzen, mit Butterflöckchen belegen und mit Zimtzucker bestreuen.

Palffyknödel

5 altbackene Semmeln, 1/4 l Milch, 70 g Butter, 70 g Zucker, 4 Eier getrennt, 50 g Rosinen, abgeriebene Schale einer halben Zitrone, etwas Salz – *Zum Übergießen:* 50 g zerlassene, heiße Butter – *Zum Bestreuen:* mit Zimt vermischter Zucker

Die Semmeln in Würfel schneiden und mit der Milch übergießen. Butter, Zucker, Eigelb schaumig rühren, Semmelwürfel, Rosinen, Zitronenschale, Salz zugeben und zum Schluß den steifen Eischnee unterziehen. Den Teig in eine mit kaltem Wasser ausgedrückte Serviette locker einbinden und 3/4 Stunde in leicht gesalzenem Wasser kochen. Den Knödel mit einem Faden in Scheiben schneiden, mit Butter übergießen, mit Zimtzucker bestreuen.

Süße Knödel mit und ohne Obst

Wir haben zwar schon in den vorangegangenen Kapiteln einige Rezepte für süße Klöße und Knödel gebracht, doch nur da, wo es sich um solche Gerichte handelte, die sowohl süß als auch salzig variiert gegessen werden können. Hier folgt nun die ganze Herrlichkeit der Powidl-, Apfel- und Mohnknödel, die in katholischen Gegenden früher zu den beliebtesten Fastenspeisen gehörten. Mit einer Suppe zuvor bilden sie eine ganze, vollwertige und sättigende Mahlzeit. In Österreich zählen sie insgesamt – aus welchen Zutaten sie auch immer hergestellt sind – zu den Mehlspeisen.

Apfelklöße

50 g Butter oder Margarine, 1 Prise Salz, 2 Eier, 2 in Milch eingeweichte, leicht ausgedrückte Semmeln, abgeriebene Schale einer halben Zitrone, 250 g Mehl. 500 g geschälte, in kleine Würfel geschnittene Äpfel (man kann die Äpfel auch grob hobeln) – *Zum Begießen:* 50 g gebräunte Butter – *Zum Bestreuen:* Mit etwas Zimt vermischter Zucker

Butter oder Margarine mit dem Salz schaumig rühren. Der Reihe nach, wie angegeben, die anderen Zutaten beigeben. Mit einem in heißes Wasser getauchten EL Klöße abstechen, diese in kochendes, leicht gesalzenes Wasser legen und etwa 15 Minuten garziehen lassen. Gut abgetropft in eine vorgewärmte Schüssel legen, mit gebräunter Butter begießen und mit Zimtzucker bestreuen.

Schlesische Apfelklöße

250 g Mehl, 1/2 TL Backpulver, 1 Ei, 1 EL zerlassene Margarine, etwas Salz, 1/8 l Milch, 500 g geschälte, in kleine Würfel geschnittene Äpfel — *Zum Übergießen:* 50 g gebräunte Butter — *Zum Bestreuen:* mit etwas Zimt vermischter Zucker

Mehl mit dem Backpulver vermischen, Ei, Butter, Salz zugeben, nach und nach die Milch einrühren. Den nicht zu festen Teig gut abschlagen, die Apfelwürfel unterrühren. Mit einem in heißes Wasser eingetauchten EL längliche Klöße abstechen und in leicht gesalzenes, kochendes Wasser legen. Die Klöße etwa 15 Minuten gar ziehen lassen. Die gut abgetropften Klöße mit brauner Butter übergießen und dazu Zimtzucker reichen.

Mecklenburger Klöße mit Birnen

Für die Klöße: 125 g Butter oder Margarine, 2 EL süße Sahne, 2 Eier, 1/2 TL Salz, etwas Muskatnuß, 4 EL geriebener Zwieback oder Semmelbrösel — *Für die Birnen:* 1 kg reife, nicht zu weiche Birnen, 2 EL Zucker, 1 Schuß Essig, 1 EL Stärkemehl

Die Butter oder Margarine schaumig rühren, Sahne und Eier unter weiterem Rühren — am besten mit dem Mixquirl — sowie nach und nach Zwieback- oder Semmelbröseln zugeben. Aus dieser Masse mit einem EL nicht zu große Klöße abstechen, diese in siedendes, leicht gesalzenes Wasser legen und etwa 7 Minuten ziehen lassen. Danach herausnehmen, gut abtropfen und warm stellen. Inzwischen die Birnen schälen, in Hälften schneiden, das Kernhaus entfernen und in Wasser mit Zucker und Essig nicht zu weich kochen. Zum Schluß mit dem angerührten Stärkemehl binden und über die Klöße geben.

Schwäbische Apfelknödel

250 g Mehl, 1/2 TL Backpulver, 2 Eier, etwas Salz, 1 TL Zitronensaft, abgeriebene Schale einer halben Zitrone, Milch nach Bedarf, 500 g geschälte, in kleine Würfel geschnittene Äpfel – *Zum Begießen:* 50 g gebräunte Butter – *Zum Bestreuen:* Mit etwas Zimt vermischter Zucker

Die Verarbeitung des Teiges und das Kochen der Knödel geschieht auf die gleiche Art wie bei den schlesischen Apfelklößen.

Birnenknödel

1 kg reife, nicht zu weiche Birnen, 1/4 l Milch, 3 bis 4 Eier, 50 g Mehl, 2 EL Zucker, Semmelbrösel nach Bedarf. – *Zum Begießen:* 50 g zerlassene Butter

Birnen schälen und fein schneiden. In der Milch die Eier, Mehl und Zucker glatt rühren, die Birnenscheibchen untermengen und so viel Semmelbrösel einarbeiten, daß sich der Teig formen läßt. Gleichmäßig große Knödel daraus rollen, in leicht gesalzenes, kochendes Wasser legen und 10 bis 15 Minuten ziehen lassen. Die fertigen Knödel mit zerlassener Butter begießen, sofort zu Tisch geben und Birnenkompott dazu servieren.

Kirschklöße

500 g Kirschen, 50 g Zucker, 40 g zerlassene Butter oder Margarine, 1 Prise Salz, abgeriebene Schale einer viertel Zitrone, 50 g Mehl, 3 Eier, etwa 200 g Semmelmehl – *Zum Bestreuen:* Zucker

Kirschen waschen, entsteinen und zuckern. Ohne Wasserzugabe weichdünsten und erkalten lassen. Danach die zerlassene Butter oder Margarine, Salz, Zitronenschale, Mehl und Eier hineinrühren. Semmelmehl nach Bedarf zufügen, daß ein fester Teig entsteht. Aus diesem gleichmäßige Klöße formen, in leicht gesalzenes, kochendes Wasser legen und etwa 7 Minuten garziehen lassen. Die gut abgetropften Klöße mit Zucker bestreuen.

Aprikosenknödel

250 g Quark, 5 EL saure Sahne oder Joghurt, 2 Eier, 1 Msp Salz, 1 Ei – *Zum Füllen:* 500 g kleine Marillen (Aprisen – *Zum Bestreuen:* 2 EL in 50 g Butter geröstete Semmelbrösel und reichlich Zucker

Quark mit Sahne oder Joghurt, den Eiern und Salz verrühren. Das Mehl einarbeiten, so daß ein glatter Teig entsteht. Aus diesem eine Rolle formen, gleichmäßige Scheiben abschneiden und in jede Scheibe eine Aprikose gut einwickeln (man kann auch getrocknete, eingeweichte Aprikosen verwenden). Knödel in kochendes Salzwasser legen und 15 Minuten ziehen lassen. Gut abtropfen, mit gerösteten Semmelbröseln und Zucker bestreuen.

Ungarische Marillen-Knödel

300 g Mehl, 250 g Quark, 40 g Butter, 40 g Zucker, 1 Prise Salz, 1 Ei – *Zum Füllen:* 500 g kleine Marillen (Aprikosen), Würfelzucker, 1 Gläschen Rum – *Zum Bestreuen:* In Butter geröstete Semmelbrösel, Zucker

Aus den angegebenen Zutaten am Brett einen Teig arbeiten. Gleichmäßige Stücke abschneiden und in jedes Teigstück eine Marille einwickeln. Dafür die Marillen sauber abwischen, entkernen und den Kern durch ein mit Rum beträufeltes Stück Zukker ersetzen. Die Knödel in kochendes Salzwasser legen und 5 Minuten leise kochen lassen. In gerösteten Semmelbröseln wälzen, mit Zucker bestreuen und servieren.

Kirschknödel

300 g Mehl, 50 g Butter oder Margarine, etwas Salz, 1/4 l kochende Milch, 750 g Kirschen – *Zum Bestreuen:* 2 bis 3 EL geröstete Semmelbrösel, Zucker und Zimt – *Zum Begießen:* 50 g zerlassene Butter

Mehl, Butter und Salz in eine Schüssel geben und mit der kochenden Milch übergießen. Alles zu einem Teig verarbeiten, diesen gut abschlagen und erkalten lassen. Inzwischen die Kirschen waschen, entstielen und auf einem Tuch trocknen. Den erkalteten Teig auf einem bemehlten Brett ausrollen, in etwa 5 cm große Vierecke schneiden. In jedes Viereck 2 bis 3 Kirschen einwickeln, die Knödel in leicht gesalzenes, kochendes Wasser legen und etwa 7 Minuten leise kochen. Mit einem Schaumlöffel herausnehmen, gut abtropfen lassen. Mit gerösteten Semmelbröseln und Zimtzucker bestreuen, zerlassene Butter gesondert reichen.

Kirschenknödel aus Quarkteig

80 g Butter oder Margarine, 100 g Zucker, 3 bis 4 Eier, 375 g Quark, abgeriebene Schale einer halben Zitrone, 1 Msp Salz, 40 g Stärkemehl, Semmelbrösel nach Bedarf – *Zum Füllen:* 500 bis 750 g entkernte Kirschen – *Zum Bestreuen:* 2 EL in 50 g Butter geröstete Semmelbrösel, 2 bis 3 EL Zucker

Butter, Zucker, Eier schaumig rühren, Quark, Zitronenschale, Salz, Stärkemehl zugeben und so viel Semmelbrösel beifügen, daß sich der Teig gut formen läßt. Eine Rolle bereiten, fingerdicke Scheiben abschneiden, diese etwas flachdrücken und in jede Scheibe 3 bis 4 entkernte Kirschen gut einwickeln. In leicht gesalzenes, kochendes Wasser legen und 15 Minuten ziehen lassen. Gut abgetropft in eine vorgewärmte Schüssel geben, mit gerösteten Semmelbröseln und Zucker bestreut auftragen.
Wer es liebt, kann den Kirschkern durch eine Haselnuß ersetzen.

Böhmische Kirschknödel

300 g Mehl, 50 g Butter, etwas Salz, 1/4 l kochende Milch – *Zum Füllen:* 750 g Kirschen – *Zum Bestreuen:* 150 g geriebener Quark, Zucker, 80 g gebräunte Butter

Mehl, Butter und Salz in eine Schüssel geben, mit kochender Milch übergießen und zu einem glatten Teig abschlagen. Diesen erkalten lassen, ausrollen und Vierecke von etwa 5 cm Seitenlänge ausschneiden. Auf jedes Quadrat 2 bis 3 Kirschen legen, die Ecken zur Mitte zusammenschlagen und jeden Knödel zwischen den flachen Händen rollen, damit die Kirschen gut eingewickelt sind. Die Knödel in Salzwasser 5 bis 8 Minuten leise kochen. Abgetropft in eine vorgewärmte Schüssel legen mit den angegebenen Beigaben zu Tisch bringen.

Böhmische Zwetschgenknödel

80 g Butter oder Margarine, 2 Eigelb, 1 Msp Salz, 300 g Quark, 1 abgerindete, in Milch eingeweichte Semmel, 300 bis 350 g Mehl – *Zum Füllen:* Etwa 750 g Zwetschgen – *Zum Bestreuen:* 2 EL in 50 g Butter geröstete Semmelbrösel, Zukker und Zimt. Oder, wie in Böhmen üblich: 150 g harter, geriebener Quark, Zucker und Zimt, 80 g gebräunte Butter

Butter und Eigelb schaumig rühren, Salz, Quark, ausgedrückte Semmel, Mehl dazugeben und alles zu einem glatten Teig verarbeiten. Diesen 1/2 cm dick ausrollen und in etwa 40 gleichmäßige Quadrate schneiden. Zwetschgen waschen, abtrocknen (sind sie sauer, den Kern durch ein Stückchen Zucker ersetzen) und in die Teigstücke einwickeln. Die Knödel müssen gut verschlossen sein. In kochendes Salzwasser legen und 10 bis 15 Minuten leise kochen lassen. Kurz nach dem Einlegen einmal mit einem Kochlöffel vom Topfboden lösen. Gut abtropfen lassen, in einer vorgewärmten Schüssel anrichten und je nach Geschmack mit gerösteten Semmelbröseln oder geriebenem Quark, gebräunter Butter, Zucker und Zimt zu Tisch geben.

Weinbeerknödel

750 g in der Schale gekochte Kartoffeln vom Vortag, 3 Eier, etwas Salz, Mehl nach Bedarf – *Zum Füllen:* etwa 125 g Weinbeeren – Zum Bestreuen: Mit Zimt vermischter Zukker – *Zum Begießen:* 50 g zerlassene Butter

Kartoffeln schälen, reiben, mit Eiern, Salz und Mehl zu einem geschmeidigen Teig verarbeiten. Diesen sofort – nicht stehen lassen – zu kleinen Knödeln formen und in jeden einige Weinbeeren wickeln. In kochendes, leicht gesalzenes Wasser einlegen und 5 Minuten ziehen lassen. Mit Zimtzucker bestreuen und heißer Butter begießen. Dazu eine Fruchtsauce servieren.

Obstknödel aus Brandteig

1/2 l Wasser, 60 g Butter, etwas Salz, 500 g Mehl, 1 Ei, 1 Eigelb – *Zum Füllen:* Kirschen, Zwetschgen, Pflaumen, Aprikosen oder Weingartenpfirsiche – *Zum Einwickeln:* 100 g Semmelbrösel, in 80 g Butter geröstet – *Zum Bestreuen:* Zucker

Wasser, Butter und Salz zum Kochen bringen, den Topf vom Feuer nehmen, das Mehl auf einmal hineinschütten und zu einem Teig verrühren. Wieder auf die heiße Platte stellen und den Teig so lange rühren, bis er sich vom Topf löst. Dann das Ei und Eigelb gut einarbeiten. Den Teigkloß auf ein bemehltes Brett geben, eine Rolle daraus formen und diese in gleichmäßige Teile schneiden. Jedes Teigstück etwas flachdrücken, das trockene, vorbereitete Obst darin einrollen und zu einem geschlossenen Knödel formen. In kochendes Salzwasser legen und etwa 6 Minuten leise kochen lassen. Aus dem Wasser nehmen, gut abtropfen lassen, sofort in den gerösteten Semmelbröseln wälzen und mit Zucker bestreut zu Tisch geben.

Pfirsichknödel

250 g Mehl, 250 g Quark, etwas Salz, 2 Eier, warme Milch nach Bedarf – *Zum Füllen:* 750 g kleine Weingartenpfirsiche – *Zum Bestreuen:* 2 EL Semmelbrösel, in 50 g Butter geröstet, 2 bis 3 EL Zucker

Aus Mehl, Quark, Salz, Eiern und so viel warmer Milch wie nötig einen glatten, festen Teig zubereiten. Aus diesem eine Rolle formen, etwa 20 Scheiben abschneiden und in jede Scheibe einen Pfirsich rollen. Die Knödel in kochendes Salzwasser legen und 5 Minuten leise kochen lassen. Gut abtropfen lassen, mit gerösteten Semmelbröseln und Zucker bestreuen.
Aus dem gleichen Teig kann man auch Aprikosenknödel zubereiten.

Zwetschgenknödel aus Kartoffelteig

1 kg in der Schale gekochte Kartoffeln, 250 g Mehl, 50 g Butter, 30 g Grieß, 2 Eier, etwas Salz, etwa 750 g Zwetschgen (man kann auch tiefgekühlte verwenden), 125 g Butter, 80 g Semmelbrösel, Zucker oder Zimtzucker

Die Kartoffeln heiß schälen, durch ein Sieb drücken und möglichst rasch mit Mehl, Butter, Grieß, Eiern und Salz zu einem glatten Teig verarbeiten. Eine Rolle formen, in 30 Teile schneiden und in jeden Teil eine gewaschene, abgetrocknete Zwetschge sorgfältig einhüllen (saure Zwetschgen entkernen und den Kern durch ein Stück Zucker oder, wer es liebt, durch eine geschälte Mandel ersetzen). Die Knödel in leicht gesalzenes, kochendes Wasser einlegen und zugedeckt 6 Minuten schwach kochen lassen. In der heißen Butter Semmelbrösel rösten, die gut abgetropften Knödel darin wälzen und mit Zucker oder Zimtzucker bestreut anrichten.
Anstelle der Semmelbrösel kann man auch geriebenen, festen Quark, braune Butter und reichlich Zimtzucker zu den Zwetschgenknödeln reichen.
Dieser Teig eignet sich auch für Aprikosenknödel.

Obstknödel aus einem anderen Kartoffelteig

750 g in der Schale gekochte Kartoffeln vom Vortag, etwa 250 g Mehl, etwas Salz, 1 Ei, 40 g Butter oder Margarine — *Zum Füllen:* 750 g beliebiges Obst wie Kirschen, Zwetschgen, Aprikosen, kleine Weingartenpfirsiche, Apfel- oder Orangenspalten — *Zum Bestreuen:* 100 g Semmelbrösel, in 60 g Butter goldgelb geröstet, 50 g Zucker

Kartoffeln schälen, durch den Fleischwolf drehen oder reiben. Mit den übrigen Zutaten zu einem Teig verarbeiten. Auf einem gut bemehlten Brett ½ cm dick ausrollen. In so große Vierecke schneiden, daß man das jeweilige Obst (Kirschen 3 bis 4 Stück nehmen) gut einhüllen kann. Knödel formen — sie müssen gut geschlossen sein —, in kochendes Salzwasser legen und etwa 6 Minuten zugedeckt leise kochen. Die abgetropften Knödel in gerösteten Semmelbröseln wälzen und mit Zucker bestreuen.

Obstknödel aus Hefeteig

500 g Mehl, 20 g Hefe, etwa ¼ l lauwarme Milch, 1 TL Zucker, 70 g Butter, 2 Eigelb oder 1 ganzes Ei, Salz — *Zum Füllen:* Kirschen, Pflaumen, Marillen (Aprikosen), Heidelbeeren — *Zum Bestreuen:* 100 g Semmelbrösel in 60 g Butter geröstet, mit Zimt vermischter Zucker, oder: 150 g fester, geriebener Quark, Zucker, 80 g gebräunte Butter

Mehl in eine Schüssel sieben, die zerbröckelte Hefe in der lauwarmen Milch mit dem Zucker verrühren, in die Mitte des Mehles geben und einen Vorteig machen. Zugedeckt an warmer Stelle gehen lassen, dann alle anderen Zutaten einarbeiten und den Teig schlagen, bis er Blasen wirft. An warmer Stelle wieder zugedeckt gehen lassen. Dann auf einem bemehlten Brett ausrollen, der jeweiligen Obstsorte entsprechende Teigstücke ausschneiden, darin das vorbereitete Obst gut einwickeln und die Knödel nochmals gehen lassen. In kochendes Salzwasser — in einem breiten Topf — einlegen und etwa 10 Minuten leise kochen lassen. Abtropfen lassen, in vorgewärmter Schüssel anrichten.

Hefeklöße

500 g Mehl, 30 g Hefe, knapp 1/4 l lauwarme Milch, 50 g Zucker, 50 g Butter oder Margarine, 1 bis 2 Eier, etwas Salz, abgeriebene Schale einer Zitrone – *Zum Bestreuen:* Zimt und Zucker oder gerösteter Mohn und Zucker – *Zum Übergießen:* 50 g gebräunte Butter

In 1/8 l lauwarme Milch die Hefe einbröckeln und den Zucker dazugeben (Vorteig oder Dampferl, Hefestück). Das gesiebte Mehl in eine vorgewärmte Schüssel geben, in die Mitte eine Vertiefung drücken, das Hefestück hineingeben, mit etwas Mehl verrühren und an einem warmen Ort (Herdnähe) gehen lassen. Nach ungefähr 30 Minuten das oder die Eier, Salz, Zitronenschale, zerlassene und etwas abgekühlte Butter oder Margarine dazugeben sowie die restliche Milch, alles gut durcharbeiten und den Teig so lange abschlagen, bis er sich von Schüssel und Kochlöffel löst und Blasen wirft. Jetzt den ganzen Teig nochmals gehen lassen – 1 1/2 bis 2 Stunden, je nach Zimmertemperatur. Dazu wird er mit einem sauberen Tuch zugedeckt und in Herdnähe gestellt.

Aus dem fertigen Hefeteig kleine Klöße formen, diese auf ein bemehltes Tuch oder Brett setzen und nochmals aufgehen lassen. Sie müssen ganz leicht sein. Dann legt man sie in reichlich leicht gesalzenes, kochendes Wasser, läßt sie erst etwa 10 Minuten leise kochen und anschließend noch etwa 5 Minuten ziehen. Mit einem Schaumlöffel herausnehmen, in eine vorgewärmte Schüssel legen, mit Zimtzucker oder mit Mohnzucker bestreuen und mit gebräunter Butter begießen.

Hefeknödel können auch auf Dampf gekocht werden: Dazu über einen breiten Topf mit kochendem Wasser ganz straff ein Tuch spannen, dieses mit Mehl bestäuben und die Knödel nach dem Aufgehen darauflegen. Eine Schüssel darüberdecken und die Knödel etwa 30 Minuten garen.

Zu diesen Knödeln passen Kompotte, Backobst, Zwetschgen- oder Vanillesauce.

Dicker Michel

Der gleiche Teig und die gleiche Zubereitung wie Hefeklöße, jedoch die Klöße auf leise kochendes Backobst legen und bei geschlossenem Topf garen.

Böhmische Powidl-Knödel

Der gleiche Teig und die gleiche Zubereitung wie Rezept ›Obstknödel aus Hefeteig‹ (Seite 66) — *Zur Fülle:* Etwa 1/4 l Powidl (Pflaumenmus), mit etwas abgeriebener Zitronenschale und 1 Msp Zimt abgeschmeckt.
Anstelle des Obstes wird 1 TL Powidl in die Knödel eingewickelt.

Pfälzer Schwammknödel

Von 500 g Mehl den gleichen Teig wie bei Hefeklößen, ferner: 100 g Butter, 1 EL Zucker, 3 Eier, 3 in Würfel geschnittene Semmeln, in 30 g Butter geröstet, 50 g Rosinen — *Zum Übergießen:* 50 g gebräunte Butter

Hefeteig herstellen und aufgehen lassen. Butter, Zucker und Eier schaumig rühren, erkaltete, geröstete Semmelwürfel, Rosinen (können auch wegbleiben) untermengen und diese Masse mit dem aufgegangenen Hefeteig abschlagen, bis er Blasen wirft. Mit bemehlten Händen mittelgroße Knödel formen, diese nochmals gehen lassen und in leicht gesalzenem Wasser 10 Minuten leise kochen, umdrehen und noch 5 Minuten ziehen lassen. Sehr gut abgetropft mit gebräunter Butter übergießen und mit Apfelmus oder Pflaumenkompott servieren.

Kartäuserklöße

8 altbackene Semmeln, 1/2 l Milch, 2 Eier, 2 EL Zucker, abgeriebene Schale einer halben Zitrone – *Zum Panieren:* 1 verschlagenes Ei, Semmelbrösel – *Zum Ausbacken:* Fett – *Zum Bestreuen:* Zimtzucker

Die Semmeln halbieren und die Rinde abreiben. Milch mit Eiern, Zucker und Zitronenschale verquirlen und über die Semmelhälften gießen. Diese öfter wenden, aber nicht liegen lassen und gleich in Ei und Semmelbrösel panieren. Von allen Seiten in reichlich Fett goldbraun backen. Mit Zimtzucker bestreut zu Tisch geben. Dazu eine Weinschaumsauce reichen.

Rotweinklöße

8 altbackene Semmeln, etwa 1/2 l Rotwein – *Zum Panieren:* 1 bis 2 verschlagene Eier – *Zum Ausbacken:* Fett – *Zum Bestreuen:* Zucker, mit Zimt vermischt

Sie werden genau wie Kartäuserklöße hergestellt, nur statt mit Eiermilch mit heißem Rotwein übergossen. Dazu ißt man gerne Apfelbrei.

Mohn-Kartoffelknödel

1 kg gekochte Kartoffeln, 100 g Mehl, 150 g Grieß, 1 Ei, etwas Salz – *Zum Übergießen:* 80 g zerlassene Butter, 3 EL Mohn – *Zum Überstreuen:* Zucker

Die kalten Kartoffeln schälen und reiben. Mit den übrigen Zutaten auf einem Brett gut vermischen und zu einem glatten Teig verarbeiten. Eine Rolle daraus formen, gleichmäßige, nicht zu dicke Scheiben abschneiden und diese zu Knödeln formen. 15 Minuten in leicht gesalzenem Wasser leise kochen. In der heißen Butter den Mohn anrösten, die gut abgetropften Knödel darin schwenken und mit reichlich Zucker bestreut zu Tisch geben.

Schlesische Mohnklöße

(die eigentlich keine echten Klöße sind)

4 altbackene Semmeln, 250 g gemahlener, blauer oder weißer Mohn, 80 g Zucker, 1/2 l kochende Milch, 100 bis 125 g gewaschene Sultaninen oder Korinthen, 100 bis 125 g geschälte, geriebene Mandeln, abgeriebene Schale einer halben Zitrone, 1/8 bis 1/4 l heiße, gezuckerte, mit Vanille abgeschmeckte Milch zum Übergießen der Semmelscheiben

Die Semmeln entrinden und in dünne Scheiben schneiden. Mohn mit dem Zucker verrühren, in die kochende Milch geben, einmal aufkochen lassen, Sultaninen, geriebene Mandeln sowie Zitronenschale untermischen und die Masse zugedeckt etwa 1/2 Stunde quellen lassen. In eine gebutterte Glasschüssel Semmelscheiben legen, die man vorher mit heißer, gezuckerter Milch beträufelt hat. Abwechsend eine Schicht Mohn und Semmelscheiben einfüllen, bis alles verbraucht ist. Der Mohnbrei muß abschließen. Die restliche gezuckerte Milch darübergießen. 2 bis 3 Stunden zugedeckt kalt stellen. Mit 2 EL Klöße abstechen und mit blätterig geschnittenen Mandeln servieren.
Veränderung: In die gezuckerte Milch zum Beträufeln der Semmelscheiben einen Schuß Rum geben. In manchen Familien reicht man zu den Mohnklößen auch eine Vanille- oder Weinsauce.

Grieß- und Reisknödel, salzig und süß

Fränkische Grießknödel

4 Eier, 4 eischwer Grieß, etwas Salz

Eier, Salz und Grieß vermengen und die Masse eine Stunde ziehen lassen. Mit einem Eßlöffel Knödel in kochendes Salzwasser einlegen und 25 bis 30 Minuten bei offenem Topf ganz leicht kochen lassen.

Bayerische Grießknödel

1/2 l Milch, etwas Salz, 180 g Grieß, 3 Eier, 2 altbackene Semmeln, in kleine Würfel geschnitten, 40 g Butter – *Zum Bestreuen:* Geröstete Zwiebelringe

Milch mit Salz zum Kochen bringen, den Grieß einstreuen und zu einem steifen Brei kochen. Die Masse auskühlen lassen, nach und nach die Eier einrühren und die in Butter gerösteten Semmelwürfel. Aus dem Teig kleine Knödel formen, diese in kochendes Salzwasser legen und etwa 20 Minuten ziehen lassen. Mit gerösteten Zwiebelringen bestreuen.

Prager Grießknödel

100 g Fett, 2 Eigelb, 200 g grober Grieß, etwas Salz – 40 g zerlassene Butter, 4 EL geröstete Semmelbrösel

Fett und Eigelb schaumig rühren, Salz, Grieß zugeben und eine Stunde stehen lassen. Aus dem Teig mittelgroße Knödel formen, diese in kochendes Salzwasser legen, zunächst 1/4 Stunde leise kochen, dann 1/4 Stunde ziehen lassen. Einen großen Topf verwenden, weil die Knödel sehr aufgehen. Die angerichteten Knödel mit heißer Butter übergießen, geröstete Semmelbrösel darüber streuen und zu Powidlsauce reichen.

Grießknödel als Fleischbeilage

1 l Milch, etwas Salz, 250 g Grieß, 3 Eier, 50 g geriebenen Parmesankäse

Milch mit Salz zum Kochen bringen, den Grieß einstreuen und zu einem steifen Brei kochen. Noch in die heiße Masse die Eier und den Käse nacheinander einrühren und erkalten lassen. Danach mittelgroße Knödel formen, in kochendes Salzwasser legen und etwa 5 Minuten leise kochen.
Zu Gulasch, eingemachtem Kalbfleisch oder zu gedünsteten Gemüsen reichen.

Grießknödel mit Backpulver

125 g Butter, 3 große Eier, Salz, Muskat, 2 EL gehackte Petersilie, etwa 250 g Grieß, 1 gestrichener TL Backpulver – *Zum Begießen:* Gebräunte Butter

Butter schaumig rühren, nach und nach die Eier und die Gewürze einrühren. Die Masse glatt schlagen und den mit dem Backpulver vermischten Grieß einrühren. 1/4 Stunde ziehen lassen, dann nicht zu große Knödel formen, diese in kochendes Salzwasser legen und 10 bis 15 Minuten ziehen lassen. Mit gebräunter Butter zu Tisch geben.

Kleine Grießknödel

250 g Grieß, etwa 1/4 l kochendes Salzwasser, 150 g Semmelbrösel, 30 g Butter

Den Grieß mit dem kochenden Salzwasser übergießen, gut verrühren und 1/4 Stunde ziehen lassen. Die in der Butter hell gerösteten Semmelbrösel darunter mischen und die Masse gut

durcharbeiten. Kleine Knödel formen, in kochendes Salzwasser legen und 15 Minuten ziehen lassen.
Diese Knödel kann man mit heißer Butter begießen, mit gehackter Petersilie bestreuen und mit Gemüsen oder Salaten servieren.
Werden sie süß gewünscht, darf das Kochwasser nur ganz leicht gesalzen werden. Die fertigen Knödel werden dann mit Zimtzucker und gebräunter Butter zu Kompotten serviert.

Maisgrießknödel

1/2 l Milch, 150 g Butter oder Margarine, etwas Salz, 300 g Maisgrieß, 2 Eier, 2 EL Mehl – *Zum Begießen:* 50 g zerlassene Butter

Milch mit Fett und Salz erwärmen, den Maisgrieß einrühren und unter ständigem Rühren zum Kochen bringen. Unter weiterem Rühren 1/4 Stunde kochen lassen. Danach die Masse erkalten lassen, nach und nach Eier und Mehl unterrühren. Mit feuchten Händen mittelgroße Knödel formen, diese in kochendes Salzwasser legen und 1/4 Stunde leise kochen lassen. Mit Butter begießen und dazu eine Tomaten- oder Käsesauce reichen.

Grießknödel mit Speck

150 g geräucherten Speck, 1 kleine gehackte Zwiebel, 1/2 l Milch, 200 g Grieß, etwas Salz, 2 Eier – *Zum Bestreuen:* 1 EL gehackte Petersilie

Speck in kleine Würfel schneiden, mit der gehackten Zwiebel goldgelb rösten, mit auffüllen. Wenn diese kocht, den Grieß einlaufen lassen und zu einem steifen Brei kochen. Die Masse salzen und erkalten lassen. Die Eier darunter rühren, kleine Knödel formen, diese in kochendes Salzwasser einlegen und garziehen lassen. Mit Petersilie bestreuen und eine große Schüssel grünen Salat dazu reichen.

Ausgeschöpfte Grießklöße

(6 Personen)

1½ l Milch, 1 TL Salz, 375 g grober Grieß, 3 Eier, 2 EL gewiegte Petersilie, etwas zerlassene Butter, 5 EL in Butter geröstete Semmelbrösel

Milch mit Salz zum Kochen bringen, unter ständigem Rühren den Grieß einkochen, bis ein dicker Brei entsteht. Eier und Petersilie unterrühren und mit einem großen Eßlöffel, den man vorher in zerlassene Butter getaucht hat, von dem noch heißen Grießbrei Klöße abstechen. Diese in gerösteten Semmelbröseln wenden und zu den verschiedensten Gemüsen oder Saucen reichen.
Diese Klöße können auch süß zubereitet werden. In diesem Fall gibt man in die Milch 3 EL Zucker, verringert die Salzmenge, läßt die Petersilie weg und bestreut die fertigen Klöße mit Zimtzucker und serviert dazu Kompotte.

Käsegrießknödel

1 l Milch, 200 g Grieß, Salz, 125 g geriebener Emmentaler – *Zum Bestreuen:* 100 g geriebener Emmentaler – *Zum Beträufeln:* 50 g zerlassene Butter

In die kochende, gesalzene Milch den Grieß einlaufen lassen und zu einem steifen Brei kochen. Den Käse einrühren und die Masse erkalten lassen. Kleine Knödel formen, auf eine gut gebutterte, feuerfeste Platte legen, dick mit Käse bestreuen und mit zerlassener Butter beträufeln. Im vorgeheizten Rohr bei Mittelhitze 15 Minuten ziehen lassen. Dazu eine pikante Tomatensauce und grünen Salat reichen.

Süße Grießknödel

1 l Milch, 250 bis 300 g Grieß, 30 g Butter, 2 Eier, Zucker nach Geschmack, etwas abgeriebene Schale einer ungespritzten Zitrone, 1 Msp Salz

Grieß unter ständigem Rühren langsam in die kochende Milch einlaufen und quellen lassen, bis die Masse ganz fest ist. Vom Herd nehmen, Eier, Butter, Zucker, Zitronenschale, Salz unterrühren und erkalten lassen. Mit angefeuchteten Händen Knödel formen, diese in kochendes, leicht gesalzenes Wasser legen und fertig kochen. Mit gerösteten Semmelbröseln bestreuen, zu Kompott oder Vanillesauce reichen.

Reisklöße

150 g Reis, 1/2 l Brühe, 80 g Butter, 2 Eier, getrennt, Salz, Muskat, 1 EL gehackte Petersilie

Den Reis in der Brühe körnig kochen, ausquellen und erkalten lassen. Butter mit Eigelb schaumig rühren, Gewürze beigeben und löffelweise den erkalteten Reis. Zum Schluß den steifen Eischnee unterheben. Aus der Masse kleine Klößchen formen, in siedendes Salzwasser legen und einige Minuten garziehen lassen.

Reisknödel

250 g Reis, 1 l Gemüse- oder Fleischbrühe, 2 EL geriebener Käse, 2 bis 3 verquirlte Eier, etwas Salz – *Zum Begießen:* Zerlassene, heiße Butter

Den in der Brühe gekochten Reis etwas abkühlen lassen. Danach die übrigen Zutaten untermischen. Mit einem Eßlöffel Nocken abstechen, diese in kochendes Salzwasser legen und etwa 10 Minuten leise kochen lassen. Mit zerlassener, heißer Butter begießen und zu Gemüsen oder Salaten servieren.

Reisknödel mit Obst

200 g Reis, 1 l Milch, 2 EL Zucker, 1 Prise Salz, 3 Eier getrennt, etwas Mehl – *Zum Füllen:* Etwa 500 g Pflaumen – *Zum Panieren:* 2 Eier, Semmelbrösel – *Zum Ausbacken:* Fett

Den Reis in der Milch mit Zucker und Salz weichkochen, abseihen und auskühlen lassen. Danach die Eigelb einrühren, wenn nötig etwas Mehl zugeben und den steifen Eischnee unterheben. Entkernte Pflaumen (je eine) in diesen Teig einhüllen. In verquirlten Eiern und Semmelbröseln panieren und in heißem Fett goldgelb backen. Mit Zimt und Zucker bestreut anrichten.

Süße Reisklößchen

125 g Reis, 3/4 l Milch, 50 g Zucker, 50 g Butter, 50 g geschälte, geriebene Mandeln, 1 Prise Salz, 1 Msp Zimt, 2 Eier, Zwiebackbrösel nach Bedarf – *Zum Ausbacken:* Bratbutter

Den Reis in der Milch mit Zucker, Butter, Mandeln, Salz und Zimt zu einem Reisbrei kochen und diesen erkalten lassen. Danach die Eier und so viel Zwiebackbrösel unterrühren, daß sich die Masse gut formen läßt. Kleine Klößchen daraus rollen, diese in heißer Butter goldbraun braten und zu Kompott oder Apfelmus servieren.

Klöße, Klopse, Knödel aus Fleisch und Speck

Zu den Knödel-Leibgerichten gehören die fast weltberühmt gewordenen bayerischen Leberknödel (die, das sei nebenbei bemerkt, auch in Luxemburg ›Nationalgericht‹ sind, werden genauso zubereitet). Auch zu den Leberknödeln hat Karl Valentin seine Rechtschreib-Überlegungen angestellt – siehe Semmelknödel . . . Sie schmecken gleichermaßen als Suppeneinlage, im Kraut und in der Schlachtplatte.

Leibgericht der Ostpreußen sind die Königsberger Klopse, die leider sehr selten auf original ostpreußische Art zubereitet werden. Als ›Soßklopse‹ erscheinen sie in vielen bäuerlichen Familien auf der Sonntagstafel.

Wer von Tirol erzählt und dabei die guten Speckknödel verschweigt, hat das Land nie richtig kennengelernt. Dort sind die Speckknödel schon seit vielen Hunderten von Jahren heimisch: Auf einem Wandgemälde in der Burgkapelle von Hocheppan aus dem 12. Jahrhundert bereitet eine Magd der Jungfrau Maria Speckknödel – sie probiert gerade einen, ob er gut gewürzt ist. Und ein Tiroler Sprichwort heißt: »Die guten Knödel und die nutzen Gitschen (Mädchen) stiahn all (stehen immer) von selber auf.«

Königsberger Klopse

500 g Hackfleisch (halb Rind-, halb Schweinefleisch), 1 feingehackte, in etwas Fett hell gedünstete Zwiebel, 1 eingeweichte, ausgedrückte Semmel, 1 Ei, Salz und Pfeffer – *Zur Sauce:* 30 g Butter, 30 g Mehl, 1 Glas Wein und Brühe zum Auffüllen, 1 bis 2 EL Kapern, 1 Eigelb, einige Löffel Sahne, Salz, Pfeffer, Zitronensaft

Das Hackfleisch mit der Zwiebel, der eingeweichten, ausgedrückten Semmel, dem Ei gut vermengen und die Masse mit Salz und Pfeffer abschmecken. Daraus mit nassen Händen mittelgroße, runde Klöße formen. Aus Butter und Mehl eine Schwitze bereiten, mit Brühe und Wein ablöschen, durchkochen lassen und darin die Klöße garziehen lassen. Die fertigen Klöße aus der Sauce nehmen und warmstellen. In die Sauce die Kapern geben, das mit Sahne verrührte Eigelb unterziehen, mit Salz, Pfeffer und Zitronensaft abschmecken. Die Klöße wieder einlegen und einige Minuten – ohne zu kochen – nochmals ziehen lassen.
Veränderung: Feine Klopse mit Kalb- und Schweinefleisch zubereiten. In die Fleischmasse 1 bis 2 TL Sardellenpaste oder 2 feingehackte Sardellenfilets mischen.
Auch die Sauce kann nach Wunsch mit Sardellenpaste pikant abgeschmeckt werden. Zum Ablöschen der Mehlschwitze kann auch nur Brühe (Würfel) verwendet werden.

Fleischklößchen mit Tomatenragout

400 g Hackfleisch, 2 eingeweichte, ausgedrückte Semmeln, 1 Ei, 1 geriebene Zwiebel, 2 EL Schnittlauch, Salz, Pfeffer, 4 EL Semmelbrösel, 4 EL Butter, 500 g geschälte Tomaten, 2 zerdrückte Knoblauchzehen, 2 EL gehackte Petersilie

Aus Hackfleisch, ausgedrückter Semmel, Ei, Zwiebel, Schnittlauch einen Fleischteig bereiten und diesen mit Salz und Pfeffer abschmecken. Daraus tischtennisballgroße Klößchen formen, kurz in kaltes Wasser tauchen und dann in Semmelbrösel wenden. In der heißen Butter von allen Seiten goldbraun backen. Dann die geschälten, geviertelten Tomaten dazugeben, mit etwas Brühe (Würfel) auffüllen, mit Knoblauch, Salz und Pfeffer würzen. Das Gericht noch etwa 10 Minuten garziehen lassen. Mit Petersilie bestreuen und mit gedünstetem Reis servieren.

Schweineklößchen in Kapernsauce

375 g gehacktes Schweinefleisch, 2 eingeweichte, ausgedrückte Semmeln, 1 Ei, 2 EL feingehackte Zwiebel, Salz, Pfeffer, etwas Curry – *Zur Sauce:* 40 g Butter oder Margarine, 1 EL gehackte Zwiebel, 40 g Mehl, 2 bis 3 EL Kapern, 2 EL saure Sahne, etwas Zitronensaft

Aus den angegebenen Zutaten einen Fleischteig bereiten, gut abschmecken, mit nassen Händen nicht zu große Klöße formen und diese in kochendem Salzwasser garziehen lassen. Aus Fett, gehackter Zwiebel und Mehl eine helle Schwitze (Einbrenne) bereiten, mit 1/2 l Kloßbrühe auffüllen und gut durchkochen lassen. Kapern, saure Sahne zugeben, mit Zitronensaft und bei Bedarf noch mit etwas Salz abschmecken. Die Klöße in der Sauce anrichten. Dazu paßt am besten Reis.

Schinkenklöße aus Semmelteig

8 altbackene Semmeln, Salz, gut 1/4 l lauwarme Milch, 20 g Fett, 1 mittelgroße, gehackte Zwiebel, 2 EL gehackte Petersilie, 3 Eier, 150 bis 200 g feingewiegter Schinken

Semmeln in dünne Scheiben schneiden, mit Salz bestreuen, mit der lauwarmen Milch übergießen und etwas durchziehen lassen. In heißem Fett gehackte Zwiebel und Petersilie andünsten und mit den Eiern unter die Semmelmasse geben. Zum Schluß den Schinken unter den Teig mengen. Sollte die Masse zu weich sein, noch Semmelbrösel untermischen. Knödel daraus formen, in kochendes Salzwasser legen und 10 bis 15 Minuten ziehen lassen. Besonders gut zu Sauerkraut!

Bratklößchen mit Sahnekartoffeln

400 g gehacktes Rindfleisch, 1 eingeweichte, ausgedrückte Semmel, 3 Eier, 1 EL Sardellenpaste, 2 EL gehackte Petersilie, 1 geriebene Zwiebel, 1 kleine Dose Champignons, Salz, Pfeffer — *Für die Sahnekartoffeln:* 750 g gekochte Kartoffeln, 1/7 l saure Sahne, 2 EL gehackte Petersilie, Salz, Pfeffer, Suppenwürze — *Zum Braten:* 125 g Butter oder Margarine

Aus Hackfleisch, ausgedrückter Semmel, Eiern, Sardellenpaste, Petersilie, Zwiebel einen Fleischteig herstellen, die gehackten Champignons untermischen und die Masse mit Salz und Pfeffer abschmecken. Klößchen formen und in heißem Fett auf allen Seiten goldbraun braten.
Die geschälten, gekochten Kartoffeln in dünne Scheiben schneiden. In Butter oder Margarine erhitzen, mit der Sahne aufgießen, mit Salz, Pfeffer, Suppenwürze und Petersilie abschmecken. Die gebackenen Fleischklößchen untermengen und mit grünem oder Tomatensalat servieren.

Fleischknödel aus gekochtem Fleisch

400 bis 500 g gekochtes Fleisch (auch Reste), 5 altbackene, abgeriebene Semmeln, 1 kleine Zwiebel, 3 Eier, Salz, Pfeffer, Muskat, Semmelbrösel nach Bedarf — *Zum Ausbacken:* Fett oder Öl

Das Fleisch mit den eingeweichten, ausgedrückten Semmeln und der Zwiebel durch die Fleischmaschine drehen, mit Eiern und Gewürzen abschmecken. Wenn nötig, noch etwas Semmelbrösel dazugeben. Kleine Knödel formen und in heißem Fett oder Öl goldgelb backen. Dazu kann man die verschiedensten Salate reichen.

Schinkenklöße aus Kartoffelteig

1 kg gekochte, durchgepreßte Kartoffeln, 3 EL Mehl, 2 Eier, 100 g in kleine Würfel geschnittener Schinken, Salz, Muskat – *Zum Übergießen:* 2 EL Semmelbrösel, in 50 g Butter geröstet

Aus Kartoffeln, Mehl und Eiern einen Kartoffelteig bereiten, Schinkenwürfel untermischen, mit Salz und Muskat abschmekken. Mit nassen Händen nicht zu große Klöße formen, in kochendes Salzwasser legen und 10 Minuten ziehen lassen. Mit Butterbröseln bestreuen, mit Tomatensauce und Salat servieren.

Bayerische Leberknödel

(zur Suppe oder zu Kraut)

6 bis 8 Semmeln vom Vortag, Salz, 1/8 bis 1/4 l lauwarme Milch, 300 g Rindsleber, 50 g Milz oder Nierenfett (kann auch wegbleiben), 1 kleine Zwiebel, Pfeffer, 1 EL Majoran, nach Belieben 1 zerdrückte Knoblauchzehe

Semmeln in feine Scheiben schneiden (in Bayern kann man sie als ›Knödelbrot‹ kaufen), salzen, mit lauwarmer Milch übergießen und durchziehen lassen. Leber, Milz oder Fett und Zwiebel durch die Fleischmaschine drehen, mit Eiern und Gewürzen unter die Semmelmasse mischen. Den Teig glatt abarbeiten, mit angefeuchteten Händen Knödel formen, in kochendes Salzwasser legen und 1/2 Stunde mehr ziehen als kochen lassen. Die Leberknödel sollen leicht und locker sein.

Für Leberknödelsuppe reicht die Hälfte des Rezepts. In diesem Fall können die Knödel gleich in der Suppe gekocht werden.

Reicht man sie zu Sauerkraut, werden die fertigen Knödel beim Anrichten mit einer Gabel aufgerissen und mit gerösteten Zwiebelringen bestreut.

Leberklöße

(6 Personen)

625 g Leber, 50 g Lunge, 40 g Nierenfett, 2 1/2 alte Semmeln, je 2 EL in 20 g Fett gedämpfte Zwiebel und Petersilie, 2 Eier, Salz, Pfeffer, 1/2 TL Majoran – *Zum Überstreuen:* 2 EL geröstete Semmelbrösel

Leber, Lunge, Nierenfett und eingeweichte, ausgedrückte Semmeln durch die Fleischmaschine drehen. Die anderen Zutaten untermischen und mit den Gewürzen abschmecken. Mit 2 EL längliche Klöße abstechen – Probekloß kochen; sollte der Teig zu weich sein, mit Semmelbröseln andicken – in kochendes Salzwasser legen und zugedeckt etwa 10 Minuten ziehen lassen. Gut abtropfen, auf eine vorgewärmte Schüssel legen und mit gerösteten Semmelbröseln bestreuen.

Leberknödel

500 g Leber, 7 Semmeln vom Vortag, 50 g Butter oder Margarine, 2 EL gehackte Petersilie, 4 Eier, Salz, 1 TL Majoran, 2 EL Mehl, Semmelbrösel nach Bedarf

Leber durch die Fleischmaschine drehen. Die Semmeln einweichen, gut ausdrücken und in der heißen Butter mit der Petersilie abdämpfen. Mit den Eiern verrühren, Leber, Gewürze, Mehl untermischen und wenn nötig noch einige Löffel Semmelbrösel zugeben. Den Teig gut durcharbeiten. Mit nassen Händen Knödel formen, in kochendes Salzwasser legen und 1/2 Stunde ziehen lassen. Zu Sauerkraut reichen.

Leberknödel mit Speck

250 g Leber, 40 g Speck, 4 altbackene Semmeln, 20 g Fett, 1 kleine gehackte Zwiebel, 1 EL gehackte Petersilie, 2 Eier, Salz, 1/2 TL Majoran, 2 bis 4 EL Semmelbrösel

Die Leber mit dem Speck und den eingeweichten, ausgedrückten Semmeln durch die Fleischmaschine drehen. Im heißen Fett Zwiebel und Petersilie andünsten und mit den Eiern, Salz, Majoran und Semmelbröseln unter die Leber mischen. Diese Masse zu einem festen Teig verarbeiten und gleichmäßige Knödel daraus formen. Diese in kochendes Salzwasser legen und etwa 20 Minuten ziehen lassen.

Leberknödel mit Haferflocken

125 g Haferflocken, 1/4 l Wasser, 150 g Rindsleber, 2 EL Fett oder Öl, je 1 EL gehackte Zwiebel, Petersilie und Lauch, Salz, je 1 Msp Paprika und Majoran, Semmelbrösel nach Bedarf – *Zum Übergießen:* 2 EL flüssiges Fett

Haferflocken trocken rösten, mit Wasser aufgießen und zu einem dicken Brei kochen. Erkaltet mit der Leber durch die Fleischmaschine drehen. In heißem Fett oder Öl Zwiebel, Petersilie und Lauch andünsten, zu der Lebermasse geben und mit den Gewürzen abschmecken. Nun so viel Semmelbrösel einarbeiten, daß sich der Teig formen läßt. 8 Knödel drehen, diese in eine gut gefettete, feuerfeste Form setzen, mit flüssigem Fett beträufeln und zugedeckt 30 Minuten im Rohr backen. Ab und zu etwas Wasser untergießen, damit sich Bratensaft bildet. Mit diesem werden die Knödel beim Anrichten übergossen. Man reicht dazu einen passenden Salat.

Milzknödel

1 ganze Milz, 8 eingeweichte, ausgedrückte Semmeln, 3 Eier, 2 EL gehackte Petersilie, Salz, 1/2 TL Majoran, Semmelbrösel nach Bedarf

Die Milz ausschaben und fein wiegen. Mit den gut ausgedrückten Semmeln, Eier, Petersilie, Salz und Majoran gut vermengen und so viel Semmelbrösel zugeben, wie die Masse benötigt. Nicht zu große Knödel formen, in kochendes Salzwasser legen und etwa 15 Minuten ziehen lassen. Sie können in Fleischbrühe oder zu Sauerkraut aufgetragen werden.

Fleischklöße

250 g Rindfleisch, 250 g Schweinefleisch, 1 mittelgroße Zwiebel, 2 eingeweichte, ausgedrückte, altbackene Semmeln, 2 Eier, Salz, Pfeffer, Muskat

Fleisch, Zwiebel und ausgedrückte Semmeln durch die Fleischmaschine drehen. Eier und Gewürze beigeben und die Masse zu einem glatten Teig verarbeiten. Sollte der Teig zu locker sein, Semmelbrösel untermischen. Gleichmäßige, nicht zu große Klöße formen und in Salzwasser 10 Minuten sanft kochen lassen. Als Beilage zu Gemüsen und Saucen reichen.

Veränderung:
Beigabe von verschiedenen, roh geriebenen Gemüsen, wie gelbe Rüben, Sellerie oder feinstgeschnittenem Lauch.

Hirnknödel

1 Kalbshirn, 80 g Butter oder Margarine, 1 EL feingehackte Zwiebeln, 2 EL feingewiegte Petersilie, 2 Eier, 1 EL geriebener Parmesankäse, Salz und Pfeffer nach Geschmack, Semmelbrösel nach Bedarf

Das Kalbshirn in siedendem Essigwasser blanchieren und auskühlen lassen. Danach häuten, Knochensplitter und Blutgerinnsel entfernen und kleinschneiden. In der Hälfte der angegebenen Fettmenge die Zwiebel kurz andünsten, Petersilie und Hirn beigeben und 10 Minuten dünsten lassen. Inzwischen die restliche Butter schaumig rühren, nach und nach die Eier, den Käse und die abgekühlte Hirnmasse unterrühren, mit Salz und Pfeffer würzen und so viel Semmelbrösel beigeben, daß sich der Teig gut formen läßt. Kleine Knödel drehen, in kochendes Salzwasser einlegen und etwa 10 Minuten garziehen lassen. Zu Spinat und Salzkartoffeln reichen.

Lungenknödel

1/2 Kalbslunge – *Zum Sud:* Salzwasser, 1 Schuß Essig, 1/2 Zwiebel, 1 Lorbeerblatt, 1 Stückchen Zitronenschale, einige Pfefferkörner, 3 Wacholderbeeren – 50 g Butter, 2 EL gehackte Zwiebel, 1 EL gehackte Petersilie, 3 EL Semmelbrösel, etwas Salz, 3 Eier, Mehl nach Bedarf – Zum Panieren: Semmelbrösel – *Zum Ausbacken:* Fett oder Öl

Die Kalbslunge in dem Sud mit den angegebenen Zutaten weichkochen. Dann in sehr feine Streifen schneiden oder wiegen. In der heißen Butter Zwiebel hell anrösten, Petersilie und die Lunge beigeben. Alles etwas durchdünsten, Semmelbrösel darüber streuen und die Masse erkalten lassen. Danach die Masse salzen, die Eier und so viel Mehl einarbeiten, als der Teig aufnimmt. Kleine Knödel formen, in Semmelbrösel wälzen und in heißem Fett oder Öl schön goldbraun backen. Dazu schmeckt am besten grüner Salat.

Tiroler Knödel

Nicht nur das Land Tirol, auch die Tiroler Küche ist ein großer Anziehungspunkt für Urlauber aus aller Welt. In den gemütlichen Weinstuben beginnt der Betrieb schon vormittags um 11.00 Uhr, wenn sich die Bauern und Bürger bei ihrem Viertel Rotwein von der ersten Tagesarbeit erholen. Doch vor ihnen steht noch eine Suppenschüssel, in der meist vier Knödel schwimmen, und eine Schüssel mit Sauerkraut. Als Vorgericht verspeisen sie zwei Knödel in der Suppe und als Hauptgericht zwei Knödel mit Sauerkraut.
Und dieses sind einige der berühmten Tiroler Knödel, von denen es viele Rezepte gibt:

Tiroler Speckknödel

6 alte Semmeln, 2 bis 3 Eier, 1/4 l Milch, Salz, 125 g geräucherter, in Würfel geschnittener Speck, 50 g Butter, 1 kleine gehackte Zwiebel, 1 EL feingehackte Petersilie, Mehl nach Bedarf

Semmeln in kleine Würfel schneiden. Eier mit der Milch und Salz verquirlen, über die Semmelwürfel gießen und 1/2 Stunde durchziehen lassen. Dann die Speckwürfel beigeben, die in der Butter angeröstete Zwiebel, Petersilie und so viel Mehl untermischen, daß ein nicht zu weicher Teig entsteht. Aus der Masse 10 Knödel formen, diese in kochendes Salzwasser legen und etwa 15 Minuten leise kochen lassen. Diese Knödel werden auch gerne als Beilage zu Wild und Schmorbraten gegessen.

Variationen:
Geräucherten Speck durch geräucherte Wurst ersetzen.
Halb geräucherter Speck, halb Wurst.
Statt Speck 150 g gekochtes, feingeschnittenes Selchfleisch (geräuchertes Fleisch).
Als Würze kann man in die Knödel auch Majoran oder Basilikum und Pfeffer geben.

Tiroler Knödel mit Speck und Schinken

10 alte Semmeln, je 100 g in kleine Würfel geschnittener, geräucherter Speck und Schinken, 50 g Butter, 2 EL gehackte Petersilie, 3 Eier, etwa 1/2 l Milch, Salz und Pfeffer, Mehl nach Bedarf

Semmeln in kleine Würfel schneiden. In der heißen Butter Speck- und Schinkenwürfel etwas rösten, Petersilie beigeben und über die Semmelwürfel gießen. Eier mit Milch, Salz und Pfeffer gut verquirlen und ebenfalls über die Semmelwürfel geben. Den Teig mit etwas Mehl gut durcharbeiten, nicht zu große Knödel daraus formen, diese in kochendes Salzwasser legen und 15 Minuten leise kochen lassen.

Tiroler Knödel mit Schinken gefüllt

150 g in kleine Würfel geschnittener Speck, 5 alte Semmeln, 2 Eier, 1/4 l Milch, etwa 100 g Mehl – *Zum Füllen:* 100 g magerer, gehackter Schinken – *Zum Übergießen:* 1 kleine, feingehackte, in 40 g Fett geröstete Zwiebel

Die Speckwürfel auslassen, bis sie glasig sind. Die in kleine Würfel geschnittenen Semmeln zugeben und so lange auf dem Feuer lassen, bis das Fett in die Semmelwürfel eingezogen ist; dann auskühlen lassen. Eier mit Milch und Salz verquirlen und über die Semmelwürfel gießen. Das Mehl unterrühren und 1/4 Stunde stehen lassen. Mit einem EL Teigstücke abstechen, etwas flach drücken, in die Mitte jeweils etwas gehackten Schinken geben. Daraus Knödel formen, die keine Sprünge zeigen dürfen. In Salzwasser 1/4 Stunde langsam kochen, gut abtropfen lassen und mit Gabeln in zwei Hälften zerreißen. Mit hellgelb gerösteten Zwiebeln übergießen und zu Krautgemüse oder -salat reichen.

Speckknödel

8 altbackene Semmeln, 50 g Butterschmalz, 1/4 l Milch, Salz, 3 Eier, 50 g gekochter, geräucherter Speck

Semmeln in dünne Scheiben schneiden, mit heißem Schmalz und warmer Milch übergießen. 1/2 Stunde stehen lassen, danach etwas Salz, die Eier und Speckwürfel untermischen – sollte der Teig zu weich sein, einige EL Semmelbrösel zugeben –, mittelgroße Knödel formen und in kochendes Salzwasser legen. 20 Minuten ziehen lassen. Zu verschiedenen Gemüsen reichen.

Speckknödel mit Kraut

150 g feingehacktes Sauerkraut, 125 g in kleine Würfel geschnittener Speck, 1 Ei, Salz, 1 Msp Paprika, etwa 125 g Mehl

Den Speck auslassen, bis er gelblich ist. Dann über das Kraut gießen, Ei, Gewürze untermengen und so viel Mehl zugeben, daß eine mittelfeste Masse entsteht. Daraus kleine Knödel formen, in kochendes Salzwasser einlegen und 15 Minuten leise kochen lassen. Dazu eine Tomatensauce reichen.

Grammelknödel aus Hefeteig

500 g Mehl, 25 g Hefe, etwa 1/4 l warme Milch, 1 Prise Zucker, etwas Salz, 150 g Grammeln (Grieben), mit 2 EL Petersilie fein verwiegt

Aus Mehl, Hefe, Milch, Zucker und Salz einen mittelfesten Hefeteig arbeiten und 1/2 Stunde gehen lassen. Danach die mit Petersilie verwiegten Grammeln einarbeiten und den Teig nochmals 1/4 Stunde gehen lassen. Mit einem EL längliche Knödel abstechen, in kochendes Salzwasser legen und garkochen. Gut abtropfen lassen und zu Spinat reichen.

Grammelknödel

(Österreich)

250 g gehackte Grammeln, Salz, Pfeffer, 1 kg gekochte Kartoffeln, 300 g Mehl, 1 EL Grieß, 1 Ei, 1 EL zerlassene Butter, 1 EL saure Sahne, Salz

Die Grammeln (Grieben) mit Salz und Pfeffer abschmecken. Kartoffeln schälen, durch ein Sieb streichen und mit den übrigen Zutaten zu einem festen Teig verarbeiten. Aus diesem eine Rolle formen, gleichmäßige Teile davon abschneiden, jeden Teil flachdrücken, in die Mitte einen TL Grammeln geben und zu Knödeln formen. In kochendes Salzwasser legen und 15 Minuten leise kochen lassen. Dazu schmeckt am besten warmer Krautsalat.

Vogtländerklöße

(Sachsen)

1½ bis 2 kg Kartoffeln, 125 g Weißbrotwürfel, Salz, ⅛ l Milch, 1 Ei, 100 g magerer oder fetter Speck

Die rohen Kartoffeln reiben, die Masse in der Schüssel glattstreichen und mit ca. ½ bis ¾ l kaltem Wasser übergießen. Zugedeckt einen Tag stehen lassen. Dann über einen Topf locker ein Tuch spannen, die Kartoffelmasse darauf gießen. Am Topfboden setzt sich dabei die Kartoffelstärke ab, die man der Kartoffelmasse zufügt. Das Ei mit heißer Milch glattrühren und mit Salz vermischen. Speckwürfel etwas auslassen, die Brotwürfel darin bräunen und beides zur Kloßmasse rühren. Salzwasser zum Sieden bringen, aus der Masse Klöße formen und darin garziehen lassen.

Bauernknödel

(6 Personen)

500 g altes Weißbrot, 200 g geräuchertes Fleisch, 200 g Mehl, 2 Eier, 1/4 l Milch, Salz – *Zum Übergießen:* 1 kleine gehackte, in 50 g Fett geröstete Zwiebel

Weißbrot und Fleisch in kleine Würfel schneiden. Aus Mehl, Eiern, Milch und Salz einen glatten Teig herstellen, Brot- und Fleischwürfel untermischen, aus der Masse einen runden oder länglichen Knödel formen, in reichlich kochendes Salzwasser (5 l) legen und etwa 30 Minuten langsam kochen lassen. Kurz vor dem Anrichten in schöne Scheiben schneiden, mit gerösteter Zwiebel begießen und mit Sauerkraut oder Salat zu Tisch geben.

Fischknödel und Fischklöße

Bei uns werden sie in den meisten Fällen nur aus Fischresten hergestellt. In den nordischen Ländern hingegen sind Fischklöße oder Fischklopse eine beliebte Mahlzeit, die aus rohem Fischfleisch zubereitet wird. Bei Verwendung von Fischresten empfiehlt es sich, diese bald zu verbrauchen und bis dahin mit Essig oder Zitronensaft zu beträufeln und gut zugedeckt kaltzustellen.

Fischknödel

400 g beliebige, gekochte oder gebratene Fischreste, 80 g Butter, 3 Eier, 350 g kalte, gekochte, geriebene Kartoffeln, Salz, Pfeffer, etwas Muskat, 1 EL feingehackte Petersilie, Semmelbrösel nach Bedarf – *Zum Ausbacken:* Öl

Fischfleisch entgräten und durch die Fleischmaschine drehen. Butter schaumig rühren, 1 EL Semmelbrösel und 2 Eigelb beigeben, dann die Kartoffeln und den Fisch. Die Masse mit Salz, Pfeffer, Muskat und Petersilie abschmecken – wenn nötig, noch etwas Semmelbrösel untermischen – und Knödel daraus formen. 1 Ei und 2 Eiweiß gut verschlagen, die Fischknödel darin eintauchen und in Semmelbrösel wenden. In heißem Öl von allen Seiten goldgelb backen. Heiß zu Tisch geben und verschiedene Salate dazu servieren.

Hechtklöße

500 g rohes, gehäutetes und entgrätetes Hechtfleisch, 2 in Milch eingeweichte Semmeln, 1 mittelgroße Zwiebel, 50 g Butter, 2 Eier, 3 EL Mehl, Salz, Pfeffer, Muskat, Saft und abgeriebene Schale einer halben Zitrone, Semmelbrösel nach Bedarf, etwas Mehl

Hechtfleisch, ausgedrückte Semmeln und Zwiebel durch die Fleischmaschine drehen. Butter schaumig rühren, nach und nach die Eier, das Mehl und die Fischmasse gut verrühren. Mit Salz, Pfeffer, Muskat, Zitronensaft und -schale gut abschmecken, wenn nötig noch Semmelbrösel in den Teig rühren. Er muß sich gut formen lassen. Gleichmäßige Teile abstechen, diese zu Klößen runden, in Mehl wälzen, in kochendes Salzwasser legen und etwa 15 Minuten garziehen lassen. Am besten schmeckt dazu eine Tomatensauce und grüner Salat.

Heringsklöße aus Helgoland

6 grüne Heringfilets, 1 mittelgroße Zwiebel, 60 g Schinkenspeck, 2 in Milch eingeweichte, ausgedrückte Semmeln, 2 Eier, 1 EL gehackte Kapern, 1 TL Sardellenpaste, 1 Msp Paprika, 1 EL feingewiegte Petersilie, Semmelbrösel nach Bedarf – *Zur Sauce:* 40 g Butter, 40 g Mehl, 1/2 l Fischbrühe oder Wasser, etwas Salz, einige Tropfen Zitronensaft, 1 Prise Glutamat – *Zum Verfeinern:* 1/2 Tasse Sahne mit 2 Eigelb verrührt

Die Heringsfilets mit der Zwiebel und dem Schinkenspeck durch die Fleischmaschine drehen. Mit den ausgedrückten Semmeln, Eiern, Kapern, Sardellenpaste, Paprika und Petersilie gut vermischen. Die Masse mit Semmelbröseln andicken, daß sich gut kleine Klöße formen lassen. Diese in kochendes, leicht gesalzenes Wasser legen und 10 Minuten ziehen lassen. In der Sauce servieren.

Für diese aus Butter und Mehl eine helle Einbrenne (Mehlschwitze) bereiten, mit Flüssigkeit auffüllen und gut durchkochen lassen. Mit Salz, Zitronensaft und Glutamat abschmecken, die mit Sahne verrührten Eigelb unterziehen (nicht mehr kochen lassen) und die fertigen Klöße einlegen.

Holländische Fischklöße mit Speck

(6 Personen)

750 g beliebiges Fischfilet, 250 g durchwachsener, gesalzener Speck, 5 mittelgroße, gekochte Kartoffeln, 1 Zwiebel, Salz, Pfeffer, Petersilie, 2 bis 3 EL Mehl, 500 g grüne Erbsen

Das gewaschene, abgetrocknete Fischfilet, 100 g Speck und geschälte Kartoffeln, Zwiebel, Salz, Pfeffer und Petersilie zweimal durch die feine Scheibe der Fleischmaschine drehen, gut verrühren und mit dem Mehl zu einer Masse verarbeiten. Aus dieser walnußgroße Klößchen formen und 7 bis 8 Minuten in Salzwasser ziehen, aber nicht kochen lassen. Den restlichen Speck in Streifen schneiden, in einer Pfanne anbraten, etwas von dem Fett abgießen und die gut abgetropften Fischklöße zugeben. Die gekochten Erbsen zu den Klößen geben, anrichten und mit Salzkartoffeln oder Reis servieren. Tomatensauce dazu reichen.

Normannische Fischklopse

500 g Fischfilet, 4 gewürfelte Zwiebeln, 1 EL Kapern, 50 g Butter oder Margarine, 100 g durchwachsener Speck, in Würfel geschnitten, 1 Ei, 1 TL Tomatenmark, Semmelbrösel nach Bedarf, Salz und Pfeffer, Backfett

Den Fisch mit den Zwiebeln, Kapern und Speck durch die Fleischmaschine drehen, mit den übrigen Zutaten gut vermischen, Klopse formen und von allen Seiten schön goldgelb backen. Als Beilage: Mit Tomaten vermischter Kartoffelsalat.

Finnische Fischklopse

500 g Seefisch, 5 Anchovisfilets, 1 kleine Zwiebel, 50 g Butter oder Margarine, 1 rohes Ei, 1 hartgekochtes, gehacktes Ei, 1 eingeweichte, ausgedrückte Semmel, etwas Essig, 1 EL Aquavit oder Wodka, etwas Grieß, Salz und Pfeffer nach Geschmack, Semmelbrösel nach Bedarf – *Zum Braten:* Öl

Entgräteten Fisch, Anchovisfilets und Zwiebel durch die Fleischmaschine drehen. Fett schaumig rühren, mit der Fischmasse, Eiern und ausgedrückter Semmel verrühren, mit etwas Essig, Aquavit oder Wodka und Grieß vermischen. Daraus Klopse formen, in Semmelbröseln wenden und von allen Seiten goldgelb braten. Beilage: Salzkartoffeln und Dillsauce.

Fischklöße in Buttermilch

600 g gekochter Seefisch, 1 große gehackte Zwiebel, in 40 g Butter oder Margarine gedünstet, 1 eingeweichte, ausgedrückte Semmel, 1 Ei, 2 EL gehackte Petersilie, 50 g in Würfel geschnittener, geräucherter Speck, 1 Tasse Fischsud, 1 l Buttermilch, Salz, Pfeffer, etwas Zucker, Saft und abgeriebene Schale einer halben Zitrone, 2 EL feingeschnittener Schnittlauch

Gekochten Fisch durch den Fleischwolf drehen, mit der gedünsteten Zwiebel, der eingeweichten, ausgedrückten Semmel, dem Ei, Petersilie und Salz gut verkneten und nicht zu große Klöße formen. Speckwürfel ausbraten, mit Fischsud und Buttermilch auffüllen, mit Salz, Pfeffer, 1 Prise Zucker, Zitronensaft und -schale würzen, zum Kochen bringen und die Klöße einlegen. Etwa 10 Minuten ziehen lassen. Mit Schnittlauch bestreut servieren.

Skandinavische Fischklöße

500 g Fischfilet, 100 g Butter oder Margarine, 1/4 l Sahne, 2 Eier getrennt, etwas Mehl, Salz und Pfeffer

Den Fisch durch die Fleischmaschine drehen, mit der Butter oder Margarine mischen, mit Salz und Pfeffer würzen. Die Hälfte der Sahne mit dem Eigelb und etwas Mehl verquirlen und unter die Fischmasse geben. Die Eiweiß zu Schnee schlagen und mit der restlichen Sahne unter die Masse geben. Mit einem Löffel Klößchen formen und in Salzwasser 10 Minuten mehr ziehen als kochen lassen. Dazu Pellkartoffeln und Krebssauce reichen.

Holsteiner Fischklopse

500 g Fischreste (roh oder gekocht), 1 EL Butter, 1 feingehackte Zwiebel, 1 eingeweichte, ausgedrückte Semmel, 2 Eier, Salz, 1/2 Tasse Semmelbrösel, Öl zum Braten, 50 g gewürfelter Räucherspeck, 1 EL Butter, 1 EL Mehl, Salz, Pfeffer, Zukker, 1 Schuß Essig

Die Fischreste sehr fein hacken oder durch die Maschine drehen, mit der in Butter angedünsteten Zwiebel, Semmel, Eiern und Salz gründlich vermischen. Runde Klopse formen, diese etwas platt drücken, in Semmelbröseln wälzen und in Öl goldbraun braten. Den Speck auslassen, Butter und Mehl zugeben, gut durchrühren, mit Wasser löschen, bis die Sauce sämig ist, mit Salz, Pfeffer und Zucker sowie Essig abschmecken.
Beilage: Salzkartoffeln und Rote Beete.

Mit Käse und Quark

Käseknödel

4 altbackene Semmeln, etwas Milch, 30 g Butter, 2 Eier getrennt, etwas Salz, 50 g geriebener Parmesankäse – *Zum Übergießen:* 80 g zerlassene Butter – *Zum Bestreuen:* 50 g geriebener Parmesan

Semmeln in Milch einweichen, ausdrücken und durch ein Sieb streichen. Butter schaumig rühren, nach und nach die Eigelb beigeben, Salz, Parmesankäse und die Semmelmasse gut vermischen. Zum Schluß den steifen Eischnee untermengen. Aus dem Teig kleine Knödel formen und in kochendem Salzwasser garziehen lassen. Auf einem Schaumlöffel gut abtropfen lassen, einzeln in die zerlassene Butter geben und auf einer vorgewärmten Schüssel anrichten. Mit Käse bestreut zu Tisch geben. Als Beigabe grüner Salat.

Käseknödel aus Brandteig

3/8 l Wasser, 1/2 TL Salz, 100 g Butter oder Margarine, 200 g Mehl, 200 g geriebener Emmentaler Käse, 4 Eier, etwas Muskat und Pfeffer – *Zum Übergießen:* 50 g gebräunte Butter

Wasser mit Salz, Butter oder Margarine aufkochen lassen, Mehl und Käse auf einmal hineinschütten und so lange rühren, bis sich die Masse vom Topf löst. Erkalten lassen, nach und nach die Eier darunterrühren, mit Muskat und Pfeffer abschmecken. Mit einem in heißes Wasser getauchten EL längliche Knödel ausstechen und in kochendes Salzwasser legen. 10 Minuten leise kochen. Gut abtropfen lassen, mit gebräunter Butter übergießen und mit Tomatensauce oder gemischten Salaten zu Tisch geben.

Holländische Käseklößchen

¼ l Wasser, 50 g Butter, Salz, 150 g Mehl, 2 bis 3 Eier, 150 g geriebener Gouda, etwas Muskatnuß – Ausbackfett

Aus Wasser, Fett, Salz und Mehl einen Brandteig bereiten, nacheinander die Eier gründlich mit dem Teig verrühren, mit Muskat würzen und zuletzt den Käse unter den noch warmen Teig geben. Mit zwei TL Klößchen abstechen und diese in heißem Fett schwimmend goldgelb backen. Heiß servieren und grünen oder Tomatensalat dazu reichen.

Quark-Spinatklößchen

1 kg Spinat, 500 g Quark, 125 g geriebener Emmentaler, 3 Eier, je 1 Prise Salz und Muskat, etwas Mehl – *Zum Übergießen:* 2 EL Semmelbrösel, in 50 g Butter geröstet

Den gewaschenen Spinat in sehr wenig Wasser garen, gut ausdrücken und durch die Fleischmaschine drehen. Mit Quark, geriebenem Käse und Eiern zu einem glatten Teig verarbeiten, mit Salz und Muskat würzen. Daraus kleine Klößchen formen, diese in Mehl wälzen und in kochendes, leicht gesalzenes Wasser legen. 15 Minuten ziehen lassen. Gut abtropfen lassen, mit gerösteten Semmelbröseln bestreuen und dazu eine Tomaten- oder Käsesauce reichen.

Avocadoklößchen mit Käse

⅛ l Wasser, 50 g Butter, etwas Salz, 100 g Mehl, 2 EL geriebener Käse, 2 Eier, 2 Avocados, Ausbackfett

Wasser, Butter und Salz aufkochen lassen, das Mehl auf einmal hineinschütten und am Feuer so lange rühren, bis sich die Masse vom Topf löst (Brandteig). Vom Feuer nehmen, Käse darunterrühren und die Masse erkalten lassen. Danach die Eier und das pürierte Fruchtfleisch der Avocados gut untermengen. Mit einem nassen EL kleine Klößchen abstechen, diese in Mehl wenden und in heißem Fett goldbraun backen. Gut abtropfen lassen und mit grünem Salat zu Tisch geben.

Quarkknödel

70 g Butter, 1 Ei, 3 Eigelb, 1/2 TL Salz, 500 g Quark, 100 g Mehl, etwa 100 g Semmelbrösel — 4 EL in 50 g Butter geröstete Semmelbrösel — *Zum Bestreuen:* Zucker

Butter schaumig rühren, nach und nach Ei, Eigelb, Salz, Quark, Mehl und Semmelbrösel beigeben. Der Teig muß mittelfest sein. Daraus kleine Knödel formen, die man 10 Minuten leise in Salzwasser kocht. Die fertigen Knödel gut abtropfen lassen, in den gerösteten Semmelbröseln wenden und mit Zucker bestreut zu Tisch geben. Dazu ein Pflaumenkompott reichen.

Quarkknödel mit Semmeln

3 abgerindete Semmeln, 100 g Butter oder Margarine, 1 Ei, 2 Eigelb, 250 g Quark, etwas Salz, abgeriebene Schale einer halben Zitrone — 4 EL in 50 g Butter geröstete Semmelbrösel — *Zum Bestreuen:* Zucker

Die abgerindeten Semmeln in kleine Würfel schneiden und in 1/3 der angegebenen Fettmenge leicht anrösten. Die restliche Butter schaumig schlagen, Ei, Eigelb unterrühren, dann den Quark und die Semmelwürfel beigeben, den Teig mit Salz und Zitronenschale abschmecken und 1 Stunde ruhen lassen. Kleine Knödel formen, in kochendes Salzwasser legen und 15 Minuten ziehen lassen. Gut abtropfen, in gerösteten Semmelbröseln wenden und mit Zucker bestreuen. Zu Zwetschgenröster oder Kompott reichen.

Quarkknödel mit Grieß oder Semmelbröseln

100 g Butter, 4 Eier, 1/2 TL Salz, 500 g Quark, 200 g Grieß oder Semmelbrösel – *Zum Bestreuen:* 100 g Semmelbrösel, 50 g Butter

Butter, Eier schaumig rühren und mit allen übrigen Zutaten gut vermengen. Den Teig 10 Minuten stehen lassen. Danach kleine Knödel formen, die man in kochendes Salzwasser legt und mit einem Kochlöffel vorsichtig vom Topfboden löst. Wenn die Knödel nach oben steigen, noch 10 Minuten ziehen lassen. Mit gerösteten Semmelbröseln bestreuen und mit grünem Salat servieren.
Besonders gut schmecken diese Knödel, wenn man in die zerlassene, heiße Butter 3 EL saure Sahne gibt und diese dann über die Knödel gießt.

Wiener Quarkknödel

500 g Quark, 1/8 l saure Sahne, 50 g Butter, 3 Eier, 1 EL Zucker, 1 Prise Salz, Saft und abgeriebene Schale einer halben Zitrone, 2 EL Mehl, 250 g Grieß – *Zum Bestreuen:* 4 EL in 50 g Butter geröstete Semmelbrösel, 1 EL Zucker

Quark mit der sauren Sahne gut verrühren. Butter schaumig schlagen, Eier und alle Geschmackszutaten, Mehl und Grieß unterrühren und mit der Quarkmasse vermischen. Die Masse 1/2 Stunde ruhen lassen. Danach Knödel formen, in kochendes Salzwasser legen und 15 Minuten leise kochen. Abseihen, in eine vorgewärmte Schüssel legen, mit gerösteten Semmelbröseln und Zucker bestreuen. Mit einem beliebigen Kompott servieren.

Quarkklöße

375 g Quark, 3 Eier, 175 g Butter, 175 g Mehl, 1/2 TL Salz

Butter schaumig rühren, nach und nach die Eier, Quark, Mehl und Salz unterrühren. Aus der Masse kleine Klöße formen, diese in kochendes Salzwasser legen und 10 Minuten garziehen lassen.

Abwandlungen:
Vor dem Kochen in Semmelbröseln wenden oder: die gekochten Klöße in eine feuerfeste Form schichten, mit Butterflöckchen belegen, mit Semmelbröseln bestreuen und überbacken.

Bayerische Topfenknödel

500 g Topfen (Quark), 80 g Butter, 3 Eier getrennt, 1/2 TL Salz, ca. 150 g Semmelbrösel – *Zum Begießen:* 50 g gebräunte Butter

Den Topfen durchpassieren. Butter schaumig rühren, Eigelb, Topfen, Salz, Semmelbrösel unterrühren und zum Schluß den steifen Eischnee unterziehen. Kleine Knödel formen, in kochendes Salzwasser legen und 10 Minuten mehr ziehen als kochen lassen. Mit einem Schaumlöffel herausnehmen, auf eine heiße Platte legen und mit gebräunter Butter übergießen. Mit Tomatensauce und grünem Salat servieren.

Tiroler Quarkknödel

500 g Quark, 1/2 TL Salz, 1 TL Kümmel, Mehl nach Bedarf – *Zum Ausbacken:* Fett oder Öl

Den Quark mit Salz und Kümmel verrühren und so viel Mehl beigeben, daß man Knödel formen kann. Diese möglichst klein runden und schwimmend in heißem Fett oder Öl goldbraun ausbacken. Sie schmecken besonders gut zu Sauerkraut.

Oberschlesische Quarkklößchen

400 g Sahnequark, 1 Msp Salz, 1 Msp Kümmel, 1 Msp Pfeffer, 8 EL Mehl, 2 EL ausgebratene Speckwürfel, Semmelbrösel – *Zum Begießen:* 50 g Butter, 2 EL gehackter Dill

Quark, Salz, Kümmel, Pfeffer, Speckwürfel und Mehl verkneten, kleine Klöße formen, in Semmelbrösel wenden, in kochendes Salzwasser legen und etwa 10 Minuten gar ziehen lassen. Die Butter zerlaufen lassen, Dill hineingeben und alles über die angerichteten Klößchen geben. Eventuell auch hellgelb geröstete Zwiebelringe darüberstreuen und zu Sauerkraut servieren.

Schlesische Quarkklöße

750 g Quark, 1 Ei, 1 Eigelb, etwas Salz, etwa 150 g Mehl, 50 g abgezogene, gehackte Mandeln, 50 g Korinthen – *Zum Begießen:* 50 g gebräunte Butter – *Zum Bestreuen:* Zucker mit Zimt vermischt

Den Quark mit allen Zutaten vermischen. Aus dem Teig Knödel formen oder mit einem EL abstechen und in kochendes Salzwasser legen. Etwa 15 Minuten garziehen lassen. Danach gut abtropfen, in einer vorgewärmten Schüssel anrichten, mit gebräunter Butter begießen und mit Zimtzucker bestreuen. Dazu Kompott reichen.

Süße, ausgebackene Quarkklößchen

500 g in der Schale gekochte Kartoffeln vom Vortag, 250 g trockener Quark, 2 Eier, 2 EL Zucker, 1 Prise Salz, 50 g gewaschene Sultanien, 125 g Mehl, Ausbackfett

Kartoffeln schälen und durch die Fleischmaschine drehen. Mit allen Zutaten gut vermengen, längliche Klößchen abstechen und schwimmend in heißem Fett goldbraun ausbacken. Mit einem beliebigen Kompott zu Tisch geben.

Topfenknödel zu Kompott

6 Semmeln vom Vortag, 1 Tasse saure Sahne, 100 g Butter, 1 Prise Salz, 4 bis 5 Eier (je nach Größe), etwas abgeriebene Zitronenschale und -saft, 250 g Topfen, 100 g Mehl, vermischt mit 1/2 TL Backpulver – *Zum Bestreuen:* Zimt und Zucker

Die Semmeln halbiert man, schneidet sie feinblätterig auf und gießt die saure Sahne darüber. Butter, Salz, Eier, geriebene Zitronenschale und -saft schaumig rühren, Topfen durch ein Sieb drücken und zugeben. Jetzt gibt man die geschnittenen Semmeln und das mit dem Backpulver vermischte Mehl dazu, mischt alles gut und läßt den Teig 10 bis 15 Minuten ziehen. Mit angefeuchteten Händen nicht zu große Knödel formen, in kochendes, leicht gesalzenes Wasser legen und 15 bis 20 Minuten leise kochen lassen. Mit einem Schaumlöffel herausnehmen, auf einer vorgewärmten Platte anrichten und dick mit Zimt und Zucker bestreuen. Kompott dazu reichen. Besonders gut schmeckt Heidelbeer- oder Holunderkompott.

Ostpreußische süße Quarkklöße

500 g Sahnequark, 3 Eier, etwas Salz, geriebenes Weißbrot nach Bedarf – *Zum Begießen:* 50 g zerlassene Butter – *Zum Bestreuen:* Zimtzucker

Quark mit den Eiern, Salz und geriebenem Brot (soviel die Masse aufnimmt, um noch geschmeidig zu sein) gut verkneten. Kleine Klöße formen, in kochendes Salzwasser legen und etwa 10 Minuten garziehen lassen. Die fertigen Klöße mit zerlassener Butter begießen, mit Zimtzucker bestreuen und Kompott dazu reichen.

Quarkklöße mit Mandeln

50 g Butter, 500 g Quark, 4 Eier, 80 g abgezogene, gemahlene Mandeln, 1 EL Semmelbrösel, 1 Msp abgeriebene Zitronenschale, je 1 Prise Salz und Zucker – *Zum Bestreuen:* Reichlich mit Zimt vermischter Zucker und 2 EL in 50 g Butter geröstete Semmelbösel

Butter schaumig rühren, erst den Quark, dann nach und nach Eier, Mandeln und Semmelbrösel unterrühren und die Masse mit Zitronenschale, Salz und Zucker würzen. Mit zwei nassen Teelöffeln Klößchen abstechen, in kochendes, leicht gesalzenes Wasser legen und 15 Minuten ziehen lassen. Die Klößchen gut abgetropft in einer vorgewärmten Schüssel bergartig anrichten, dick mit Zimtzucker und gerösteten Semmelbröseln bestreuen. Nach Wunsch ein Apfelkompott dazu reichen.

Knödel aus Getreideprodukten

Grünkernknödel

250 g Grünkernschrot, 1 l Brühe, etwas Salz, 1 EL geriebene Zwiebel, 1 bis 2 Eier, 2 EL gehackte Kräuter

In die kochende Brühe unter ständigem Rühren den Grünkernschrot einlaufen lassen und zu einem festen Brei kochen. Erkalten lassen, die übrigen Zutaten unterrühren, Knödel formen, diese in leicht gesalzenes, kochendes Wasser legen und 15 Minuten ziehen lassen. Dazu eine Zwiebel-, Tomaten- oder Pilzsauce reichen.

Polenta-Knödel (Mais)

250 g Polenta (Mais), 1 l Milch, 1 Prise Salz, 80 g Zucker, 3 bis 4 Eier, Ausbackfett

Den Mais in der Milch mit Salz und Zucker dick einkochen und auskühlen lassen. Nach und nach die Eier einrühren, aus der Masse mit einem Löffel kleine Knödel abstechen und im schwimmenden Fett goldbraun backen. Gut abgetropft, noch heiß zu einer Fruchtsauce reichen.

Veränderung:
Den Zucker weglassen, die Masse etwas stärker salzen, mit Muskat abschmecken und zu Tomatensauce reichen.

Hirseknödel

250 g Hirse, 1 l Milch, 30 g Butter, Salz, 4 Eier, etwas Mehl – *Zum Beträufeln:* 50 g zerlassene Butter

Die Hirse in der Milch mit Salz zu einem dicken Brei kochen und auskühlen lassen. Nach und nach die Eier einarbeiten, wenn nötig noch etwas Milch oder Mehl beigeben, damit sich der Teig gut formen läßt. Mit bemehlten Händen kleine Knödel formen, diese in Mehl wenden, in kochendes Salzwasser legen, etwa 10 Minuten ziehen lassen und mit Butter begossen zu Gemüsen oder Kompotten servieren.

Haferflockenknödel

1/2 l Fleischbrühe (aus Suppenwürfel), 50 g Margarine, 180 g Haferflocken, 3 Eier, etwas Salz und Pfeffer, 1 EL feingewiegte Petersilie

Brühe mit Margarine zum Kochen bringen, Haferflocken einstreuen und die Masse so lange am Feuer rühren, bis sie sich vom Topfboden löst. Etwas abkühlen lassen, die verquirlten Eier, Gewürze und Petersilie unterrühren. Mit einem EL Klöße abstechen, diese in kochendes, leicht gesalzenes Wasser einlegen und garziehen lassen. In einer pikanten Tomatensauce zu Tisch geben.

Knödelchen und Klößchen als Suppeneinlage

Was wären unsere beliebten Fleischbrühen oder Bouillons ohne die vielfältigen Knödelchen und Klößchen als Einlage? Trotz vieler Suppengegner sind sie von keiner Speisekarte, keiner Festtafel, keinem Familientisch wegzudenken. Zur Einleitung einer Mahlzeit kann man auch kaum auf diese Köstlichkeiten verzichten.

Wir können sie variieren, wie es uns gefällt, mit Schinken, Leber, Käse, Geflügelfleisch, Kräutern, Krabben, Pilzen, Gemüsen und was man sonst noch selber ausprobiert.

Oft verwandeln sich die den Appetit anregenden Knödelchen in respektable Knödel, wie in Bayern die beliebten Leberknödel oder des Gourmets Karl Spitzweg ›Verfeinerte Grießknödelsuppe‹. Er, der den Pinsel gerne mit dem Löffel vertauschte, hat das Rezept der Grießknödelsuppe als eines seiner Leibgerichte aufgeschrieben und illustriert und nennt sie ›Mehlspeise à la Munich‹.

»Da kommt in die gewöhnliche Masse der Knödel noch etwas gekochtes und gehacktes Hühnerfleisch, mehr Käse, mehr Eier, und zwar diese in Dottern und das Weiße als Schnee. Man backt die Masse auf einem bestrichenen, flachen Geschirr, sticht sie mit einem Ausstecher in runden Stücken aus oder schneidet sie beliebig, um die vielen Abfälle zu vermeiden. Wenn die gekochten Grießknödel in die Suppe getan werden, so gibt man diese besonders dazu.«

Gewöhnliche Grießknödel zum Verfeinern: siehe Rezept ›Bayerische Grießknödel‹, Seite 71.

Markknödelchen

40 g frisches Rindermark, 20 g Fett, 1 bis 2 Eier, etwas Salz, 1 Msp abgeriebene Zitronenschale einer ungespritzten Zitrone, 4 EL Semmelbrösel, etwa 3 EL Mehl oder 2 in Milch eingeweichte, ausgedrückte Semmeln

Das Mark zerlassen, durch ein Sieb geben und etwas kaltstellen. Danach mit dem Fett schaumig rühren, Ei, Salz, Zitronenschale, Semmelbrösel und Mehl oder eingeweichte, ausgedrückte Semmeln beigeben. Die Masse etwas stehen lassen. Mit angefeuchteten Händen kleine Knödel formen, in kochendes Salzwasser oder in die kochende Brühe legen und etwa 5 Minuten ziehen lassen.

Markklößchen

50 g Mark, 1 Ei, etwas Salz und Muskat, 1 TL gewiegte Petersilie, etwa 50 g Semmelbrösel, vermischt mit 1 Msp Backpulver

Das Mark zerlassen, durch ein Sieb geben und kaltstellen. Danach schaumig rühren, die übrigen Zutaten und so viel Semmelbrösel einrühren, daß ein halbfester Teig entsteht. Diesen 20 Minuten anziehen lassen. Mit angefeuchteten Händen kleine Klößchen formen, diese in kochendes Salzwasser oder in die kochende Brühe einlegen und etwa 3 Minuten garziehen lassen.

Speckknödelchen

70 g gewürfelter Speck, 1 alte Semmel, in kleine Würfel geschnitten, etwa 50 g Mehl, 1 Ei, knapp 1/2 Tasse Milch, 1 TL gewiegte Petersilie

Den Speck in einer Pfanne glasig werden lassen, Semmelwürfel zugeben und goldbraun rösten. Die Masse auskühlen lassen, Mehl darüber streuen, das mit der Milch verquirlte Ei, Salz und Petersilie darübergießen. Alles gut vermengen, mit angefeuchteten Händen kleine Knödel formen und etwa 10 Minuten in kochendem Wasser oder Brühe schwach kochen lassen.

Speckklößchen

40 g gewürfelter Speck, 1 Ei, etwas Salz und gehackte Petersilie, Semmelbrösel nach Bedarf

Den Speck auslassen, auskühlen lassen und schaumig rühren. Ei, Salz, Petersilie (kann auch wegbleiben) und so viel Semmelbrösel einrühren, daß ein geschmeidiger Teig entsteht. Die Masse 20 Minuten anziehen lassen. Mit angefeuchteten Händen Klößchen formen, diese in kochendes Salzwasser oder Brühe einlegen und 5 Minuten ziehen lassen.

Leberknödelchen

70 g Rindsleber, 1 eingeweichte, ausgedrückte Semmel, 1 Ei, 20 g Butter, 1/2 gehackte, kleine Zwiebel, 1 TL gewiegte Petersilie, Semmelbrösel nach Bedarf, etwas Salz, je 1 Prise Pfeffer und Majoran

Die Leber häuten, mit der Semmel durch die Fleischmaschine drehen, das Ei, die in heißer Butter leicht gedünstete Zwiebel und Petersilie beigeben. So viel Semmelbrösel unterrühren, daß eine nicht zu feste Masse entsteht. Diese etwas stehen lassen. Mit den Gewürzen abschmecken, kleine Knödelchen formen und in kochendem Salzwasser oder kochender Brühe etwa 10 Minuten ziehen lassen.

Leberklößchen

50 g Leber, 20 g Speck, 1/2 kleine Zwiebel, 1 Eigelb, 1 bis 2 EL Semmelbrösel, etwas Salz, je 1 Prise Pfeffer und Majoran

Die Leber häuten, mit Speck und Zwiebel durch die Fleischmaschine drehen. Eigelb und Semmelbrösel unterrühren, die Masse würzen, mit einem TL kleine Klößchen in kochende Brühe einlegen und etwa 10 Minuten garziehen lassen.

Fleischknödelchen

20 g Butter oder Margarine, 50 g Hackfleisch, 1 Eigelb, 1/2 TL geriebene Zwiebel, 1 TL gewiegte Petersilie, Salz und Pfeffer, 1 bis 2 EL Semmelbrösel

Fett schaumig rühren, nach und nach die anderen Zutaten untermischen. So viel Semmelbrösel zufügen, daß sich die Masse gut formen läßt. Kleine Klößchen formen und diese in kochendem Salzwasser oder kochender Brühe etwa 5 Minuten garziehen lassen.

Schinkenknödelchen

(4 bis 6 Personen)

2 feingeschnittene Semmeln (Knödelbrot), 1/10 l lauwarme Milch, 1 Ei, 1/2 TL geriebene Zwiebel, 1 TL gewiegte Petersilie, etwas Salz, 50 g gewiegte Schinkenreste, Semmelbrösel nach Bedarf

Knödelbrot mit der lauwarmen Milch übergießen und etwas stehen lassen. Die übrigen Zutaten untermischen und so viel Semmelbrösel beigeben, daß sich kleine Knödelchen formen lassen. Diese in kochendem Wasser oder kochender Brühe etwa 15 Minuten leise kochen lassen.

Fischklößchen

200 g rohes Fischfleisch, 1 Ei, etwas Salz, 1 TL gewiegte Petersilie, Semmelbrösel nach Bedarf

Fischfleisch durch die Fleischmaschine drehen, mit den übrigen Zutaten vermischen und so viel Semmelbrösel zugeben, daß sich Klößchen formen lassen. Diese in kochender Fischbrühe etwa 15 Minuten ziehen lassen.

Grießklößchen

$^1/_8$ l Milch, 20 g Butter oder Margarine, 50 g Grieß, 1 Ei, etwas Salz, 1 Prise Muskat, $^1/_2$ TL gewiegte Petersilie

Milch mit Butter zum Kochen bringen, den Grieß auf einmal hineinschütten und so lange am Herd rühren, bis sich ein Kloß gebildet hat. Vom Feuer nehmen, das Ei einarbeiten und mit den Gewürzen und Petersilie abschmecken. Erkalten lassen, kleine Klößchen formen und diese in kochender Brühe 5 Minuten ziehen lassen.

Semmelknödelchen

30 g Butter oder Margarine, je 1 TL feingehackte Zwiebel und Petersilie, 2 altbackene Semmeln, in kleine Würfel geschnitten, etwas Salz, 1 EL Mehl, 1 Ei, mit 2 EL Milch verquirlt

In der heißen Butter Zwiebel und Petersilie andünsten, Semmelwürfel zugeben und kurz mitrösten. Salz und Mehl untermischen, die Eiermilch darüber gießen und den Teig gut durcharbeiten. Die Masse etwas anziehen lassen. Gleichmäßige, kleine Knödel formen und in siedendem Salzwasser etwa 8 Minuten leise kochen. Abseihen und in die fertige Brühe legen.

Schwemmklößchen

$^1/_8$ l Milch, 20 g Butter oder Margarine, etwas Salz und Muskat, 60 g Mehl, 1 Ei

Milch, Fett und Gewürze zum Kochen bringen, das Mehl auf einmal hineinschütten und zu einem glatten Kloß rühren, der sich vom Topfrand löst. In die noch heiße Masse das Ei gut einrühren. Mit einem nassen TL kleine Klößchen abstechen und diese in kochendem Salzwasser oder kochender Brühe etwa 5 Minuten garziehen lassen.

Bröselknödelchen

30 g Butter, 1 Ei, etwas Salz und Muskat, Semmelbrösel nach Bedarf, nach Wunsch 1/2 TL feingewiegte Petersilie oder 1 Msp geriebene Zitronenschale einer ungespritzten Zitrone

Butter mit Salz und Muskat schaumig rühren, Ei zugeben und nochmals gut verrühren. So viel Brösel – etwa 4 EL – zugeben, daß ein geschmeidiger Teig entsteht. Diesen nach Wunsch noch mit Petersilie oder Zitronenschale würzen und etwas stehen lassen. Danach kleine Knödelchen formen, diese in kochendem Salzwasser oder Brühe 5 Minuten ziehen lassen.

Veränderung: Wer die Knödelchen besonders locker wünscht, gibt noch eine Msp Backpulver unter die Semmelmasse.

Varianten:
Diese Knödelchen können geschmacklich spezialisiert werden durch die Beigabe kleiner Mengen von folgenden Zutaten: Feingehackter Schinken, geriebener Käse, zerdrückten Roquefort, kleingewiegte Pilze, gehacktes, gekochtes Kalb- oder Hühnerfleisch, gehackte Krabben, ein wenig gewiegter Spinat, verschiedene gewiegte Kräuter.

Profitklößchen

1/16 l Wasser, 15 g Butter, etwas Salz, 60 g Mehl, 1 Ei, 1 Eigelb

Die gleiche Zubereitung wie Schwemmklößchen. Der fertige Teig wird jedoch in kleinen Häufchen, die man mit zwei Teelöffeln auf ein gefettetes, bemehltes Blech setzt, im vorgeheizten Rohr bei Mittelhitze gebacken.

Käseklößchen

$^{1}/_{8}$ l Milch, 20 g Butter oder Margarine, etwas Salz, 2 EL geriebener Käse, 1 Ei

Gleiche Zubereitung wie Schwemmklößchen. Der Käse wird mit der Milch gekocht. Besonders geeignet als Einlage in Gemüsebrühe und Tomatensuppe.

Kartoffelklößchen

20 g Butter oder Margarine, 20 g Mehl, 100 g durchgedrückte, gekochte Kartoffeln, Salz, Muskat

Butter oder Margarine schaumig rühren, Mehl und durchgedrückte Kartoffeln dazu rühren und die Masse mit Salz und Muskat abschmecken. Kleine Klößchen formen, in kochendes Salzwasser oder kochende Brühe legen und 5 Minuten kochen lassen.

Knödel-Resteverwertung

Geröstete Knödel oder Klöße mit Ei

Restliche Knödel oder Klöße, 40 g Fett oder 50 g ausgelassene Speckwürfel, 3 Eier, 3 EL Milch – *Zum Bestreuen:* 2 EL feingeschnittener Schnittlauch

Knödel in Scheiben schneiden, im heißen Fett oder den ausgelassenen Speckwürfeln rösten. Eier mit Milch verquirlen und über die Knödelscheiben verteilen. So lange am Feuer lassen, bis das Ei gestockt ist. Mit Schnittlauch bestreut rasch zu Tisch geben. Dazu grünen Salat reichen.
Wer es liebt, kann die geschnittenen Knödel auch mit gerösteten Zwiebeln oder mit geschälten, in Achtel geschnittenen Tomaten zubereiten.

Geröstete Knödel mit Fleisch, Wurst oder Schinken

Restliche Knödel, 100 bis 150 g Fleisch, Wurst oder Schinken, in Streifen geschnitten, 40 g Fett – *Zum Bestreuen:* 1 EL gehackte Petersilie

Knödel in Scheiben schneiden, mit Fleisch, Wurst oder Schinkenstreifen mischen und im heißen Fett braten. Mit Petersilie bestreut anrichten. Dazu beliebig grünen oder Tomatensalat reichen.

Knödelschmarren

Rest von Semmelknödeln, 50 g Fett, 3 Eier, etwas Salz, 2 EL feingeschnittener Schnittlauch

Die Semmelknödel blättrig schneiden und im heißen Fett goldbraun rösten. Erst kurz vor dem Servieren die verquirlten, gesalzenen Eier darübergeben und stocken lassen. Mit Schnittlauch bestreut servieren und beliebigen Salat dazu reichen.

Essigknödel

Sie können als Vor- oder Hauptspeise, am Vormittag, zu Mittag, abends oder nachts verspeist werden.

Übrig gebliebene, kalte Semmelknödel in dünne Scheiben schneiden, portionsweise auf flache Teller anrichten, mit Essig und Öl begießen und darüber schön geschnittene Zwiebelringe – wie bei einem Wurstsalat – verteilen. Über das Ganze etwas frisch gemahlenen Pfeffer streuen und dazu ein Glas kühles Bier!

... aus einem alten Kochbuch

Erdäpfelknödel

Man reibt ein Pfund gesottene, abgeschälte, ganz mehlige Erdäpfel auf dem Reibeisen, treibt in einer Schüssel ½ Pfund Butter oder Schmalz recht pflaumig ab, schlägt 8 Eier, eines nach dem anderen darein, gibt um 2 kr. geriebene Semmelbröseln darunter, stäuht ein wenig schönes Mehl dazu, salzet es, gibt grüne Petersilie und Zwiebeln, klein geschnitten, darunter, und macht es in gute Fleischsuppe ein. Man kann erst einen zur Probe machen, und sehen, ob sie nicht zerfallen; widrigenfalls aber noch etwas Mehl oder Semmelbröseln dazu geben.

Abgetriebene Semmelknödelchen

½ Pfund Butter wird mit 14 Eiern recht pflaumig abgerührt, einige Hände voll Semmelbröseln hinzugethan, bis die Masse etwas dick wird, gesalzen, kleine runde Knödelchen formirt und in kochende Fleischbrühe gelegt. Will man sie aber Kranken geben, so läßt man die Butter oder das Fett weg, schlägt die Eier in eine Schüssel, gibt die Bröseln hinein, und rührt sie recht pflaumig ab, so werden sie auch gut.

Abgetriebene Knödel mit Gänseblut zur Nebenspeise

Hat man beim Abstechen einer Gans das Blut aufgehoben, so rührt man selbes bis es ganz kalt ist, seihet es dann durch ein Sieb. Indessen wird ein Viertelpfund Butter gut abgerieben und nach und nach das Gänseblut damit verrührt, so auch sieben bis acht Eierdotter, das Weiße von den Eiern wird zu Schnee geschlagen, derselbe mit acht Loth fein geriebenen Semmelbröseln, Salz, etwas Majoran, fein geschnittener Zwiebel, und von einer halben Citrone die Schale verrührt, dann stäubt man Mehl auf ein Brett, macht von der gerührten Masse lauter Knödel nach beliebiger Größe ganz rund, und kocht diese in gut gesalzenem siedenden Wasser oder Fleischsuppe ein; wenn selbe ausgekocht sind, gibt man diese auf die Schüssel, gibt eine Hand voll in Butter gelb geröstete Semmelbröseln darauf und zur Tafel. Man kann auch dazu eine gute Limonien- oder Zwiebelsauce geben.

Die Abbildung auf der nächsten Seite zeigt das Titelblatt des alten Kochbuches, dem wir die obenstehenden Knödelrezepte entnommen haben.

Die Bayerische Köchin in Böhmen.

Ein Kochbuch,

das sowohl für Herrschafts- als auch für gemeine Küchen eingerichtet ist, und mit besonderem Nutzen gebraucht werden kann.

Herausgegeben

von

Maria Anna Neudecker,

geb. Ertl.

Mit Speise-Zetteln, acht Auftrag-Tafeln und einem Unterrichte in der neuesten, einfachsten und faßlichsten

Tranchirkunst.

Eilfte, mit mehreren nützlichen Recepten vermehrte Auflage.

München, 1863.
Verlag von E. A. Fleischmann.

Fertig-Klöße und -Knödel – eine runde Sache!

Vielleicht hat die Industrie die Knödel sogar vor dem Aussterben bewahrt, als sie die Instant-Klöße und -Knödel erfand? Denn wie viele Hausfrauen, vor allem berufstätige, haben schon die Zeit, Kartoffeln zu reiben oder Semmelbrot zu schneiden? Für alle, die es eilig haben, bietet die Industrie eine große Auswahl an Fertigprodukten an:
Rohe Klöße
Gekochte Klöße
Klöße, halb und halb
Semmelknödel
Richtig, das heißt, genau nach den Angaben auf den Packungen zubereitete Knödel sind von ›selbstgemachten‹ nicht zu unterscheiden, weder was die Zutaten noch was den Geschmack betrifft! Und der Variationsmöglichkeiten gibt es viele. Wir bringen nur ein paar Beispiele:

Rohe Klöße – Grundrezept

1 Paket rohe Klöße, 1/2 l Wasser, Salzwasser

Inhalt der Packung mit dem Schneebesen in kaltes Wasser einrühren und 10 Minuten quellen lassen. Aus dem Kartoffelteig 8 Klöße formen, in kochendes Salzwasser legen und 20 Minuten bei schwacher Hitze ziehen lassen. Nach Belieben geröstete Semmelbröckchen einlegen. Verfeinern mit grobgehacktem unter den Teig gemischtem Kümmel, kleingehacktem Schinken und Käse, ebenfalls unter den Teig gemischt, geriebener Zwiebel und kleingewürfeltem, in wenig Fett gedünstetem Kaßler.

Coburger Klöße

80 g durchwachsener Speck, 2 EL Öl, 1 Zwiebel, 2 Brötchen, Salz, Majoran, 1 Ei, Wasser, 1 Paket Klöße

Speck und Zwiebel kleinwürfelig schneiden, in heißem Öl anrösten und in eine Schüssel geben. Brötchen in Würfel schneiden, in dem restlichen Fett goldgelb rösten und zu der Masse geben, Salz und Majoran darüberstreuen. Ei mit Wasser zu $^1/_2$ l Flüssigkeit auffüllen und darübergießen. Kloßpulver mit dem Schneebesen einrühren, weiterverfahren wie Grundrezept.

Gekochte Klöße — Grundrezept

1 Paket gekochte Klöße, $^1/_2$ l Wasser, Salzwasser

Inhalt der Packung mit dem Schneebesen in kaltes Wasser einrühren und 5 Minuten quellen lassen. Aus dem Teig 8 Klöße formen, in kochendes Salzwasser legen und bei schwacher Hitze 20 Minuten ziehen lassen. Nach Belieben mit gerösteten Semmelbröckchen füllen.

Allgäuer Schinkenklöße

125 g gekochter Schinken, $^1/_2$ l Wasser, 1 Paket gekochte Klöße, 80 g Emmentaler Käse

Schinken in kleine Würfel schneiden und in kaltes Wasser geben. Kloßpulver einrühren, 5 Minuten quellen lassen. Käse in kleine Würfel schneiden. Aus dem Kartoffelteig 8 Klöße formen und in die Mitte Käsewürfel geben. Klöße in kochendes Salzwasser geben, bei schwacher Hitze 20 Minuten ziehen lassen.

Powidltaschen

1 Paket gekochte Klöße, $^1/_2$ l Wasser, Mehl, 8 EL dickes Pflaumenmus, Mohn, 50 g Butter oder Margarine

Inhalt der Packung in kaltes Wasser einrühren, 5 Minuten quellen lassen. Den Teig auf bemehltem Backbrett etwa $^1/_2$ cm dick ausrollen und in 8 Vierecke schneiden. In die Mitte jeder Teigplatte 1 EL Pflaumenmus geben. Die Ränder mit etwas Wasser befeuchten und übereck einschlagen. Gut zusammendrücken. In kochendes Salzwasser geben und 5 bis 8 Minuten bei schwacher Hitze ziehen lassen. Mit Mohn bestreuen und mit gebräunter Butter oder Margarine begießen.

Bunte Kirschklöße

250 g Kirschen, $^1/_2$ l Wasser, 1 Paket gekochte Klöße, Butter oder Margarine, Semmelbrösel, Zucker und Zimt

Kirschen entsteinen, halbieren, in kaltes Wasser geben. Kloßpulver einrühren und 5 Minuten quellen lassen. 8 Klöße formen, in kochendes Salzwasser geben und bei schwacher Hitze 20 Minuten ziehen lassen. Butter oder Margarine zerlassen, Semmelbrösel darin anrösten und über die Klöße geben. Zucker und Zimt mischen und dazu servieren.

Rhabarberklöße

1 Paket gekochte Klöße, $^1/_2$ l Rhabarberkompott, 1 Brötchen, Butter oder Margarine

Inhalt der Packung in Rhabarberkompott einrühren und 5 Minuten quellen lassen. Brötchen in Würfel schneiden und in Butter oder Margarine hellgelb rösten. Klöße formen, in die Mitte die gerösteten Brötchenwürfel drücken. In kochendem Salzwasser bei schwacher Hitze 20 Minuten ziehen lassen.

Quarkklöße

250 g Quark (Topfen), 1 Ei, 50 g Zucker, 1 Päckchen Vanillezucker, abgeriebene Zitronenschale, 80 g Rosinen, 1/2 l Wasser, 1 Paket gekochte Klöße

Quark, Ei, Zucker, Vanillezucker und Zitronenschale schaumig rühren. Rosinen und Wasser dazugeben. Inhalt der Packung mit dem Schneebesen in die Flüssigkeit einrühren und 5 Minuten quellen lassen. Aus dem Teig 8 Klöße formen, in kochendem Salzwasser bei schwacher Hitze 20 Minuten ziehen lassen.

Knödel – Grundrezept

1 Paket Knödel, 1/2 l Wasser, Salzwasser

Inhalt der Packung mit dem Schneebesen in kaltes Wasser einrühren und 10 Minuten quellen lassen. Aus dem Kartoffelteig mit angefeuchteten Händen 8 Knödel formen, in kochendes Salzwasser legen, kurz aufkochen und bei schwacher Hitze 20 Minuten ziehen lassen. Verfeinern mit gedünsteten, feingeschnittenen Speck- und Zwiebelwürfelchen oder mit Kräutern, füllen mit gerösteten Weißbrotwürfelchen.

Westfälische Krautknödel

60 g Speck, 1 kleine Zwiebel, 150 g Sauerkraut, 1/2 l Wasser, 1 Paket Knödel, 1 Brötchen, Bratfett

Speck und Zwiebel kleinwürfelig schneiden und in der Pfanne rösten. Sauerkraut einige Male durchhacken und in kaltes Wasser geben, dazu Speck- und Zwiebelwürfel. Knödelpulver einrühren und 10 Minuten quellen lassen. Brötchen in Würfel schneiden und in heißem Fett hellgelb rösten. Aus dem Teig mit angefeuchteten Händen 8 bis 10 Knödel formen und in die Mitte geröstete Brotwürfelchen geben. Knödel in kochendes Salzwasser legen, kurz aufkochen und 20 Minuten bei schwacher Hitze ziehen lassen.

Wiener Eierknödel

1 Brötchen, Butter oder Margarine, 1 Ei, 2 EL gehackte Petersilie, Salz, Muskat, 1/2 l Wasser, 1 Paket Knödel

Brötchen kleinwürfelig schneiden und in heißer Butter oder Margarine goldgelb rösten. Ei, Petersilie, Salz, Muskat und geröstete Weißbrotwürfel in kaltes Wasser geben. Knödelpulver mit dem Schneebesen einrühren und 10 Minuten quellen lassen. Weiterverfahren wie Grundrezept.

Knödel nach Förster-Art

30 g Speck, 1 kleine Zwiebel, 1 Dose Pfifferlinge (Einwaage ca. 125 g), 1 EL gehackte Petersilie, Wasser, 1 Paket Knödel

Speck und Zwiebel feinwürfelig schneiden und in der Pfanne rösten. Pfifferlinge auf ein Sieb geben, große Pilze kleinschneiden, in die Pfanne geben und dünsten. Petersilie darüberstreuen. Pilzwasser mit kaltem Wasser zu 1/2 l Flüssigkeit auffüllen, Pilze hineingeben. Inhalt der Knödelpackung mit dem Schneebesen einrühren, 10 Minuten quellen lassen, weiterverfahren wie Grundrezept.

Zwiebelknödel

2 Zwiebeln, 4 EL Öl, 1 EL gehackte Petersilie, 1/2 l Wasser, Pfeffer, Salz, 1 Paket Knödel, 1 Brötchen, Pfeffer

Zwiebeln kleinwürfelig schneiden und in heißem Öl goldgelb rösten. Petersilie darüberstreuen. Die Masse in kaltes Wasser geben, Pfeffer und Salz beifügen. Inhalt der Knödelpackung mit dem Schneebesen einrühren und 10 Minuten quellen lassen. Brötchen in Würfel schneiden und in heißem Öl goldgelb rösten. Aus dem Kartoffelteig mit angefeuchteten Händen 8 Knödel formen und in die Mitte die gerösteten Weißbrotwürfel geben. Knödel in kochendes Salzwasser legen, kurz aufkochen und bei schwacher Hitze 20 Minuten ziehen lassen.

Semmelknödel

Sie sind das neueste Kind der Knödel-Industrie. Man kann sie nicht variieren, denn sie werden bereits gemischt und fix und fertig in Vakuumbeuteln, Stück für Stück, geliefert. Einfacher geht's nicht!

Und so werden sie tischfertig gemacht: Im Kochbeutel in *kaltes* Salzwasser legen und bei mittlerer Hitze in etwa 15 Minuten langsam zum Kochen bringen. Bei schwacher Hitze weitere 15 Minuten ziehen lassen. Semmelknödel herausnehmen und mit kaltem Wasser kurz abschrecken. Dann die Kochbeutel an den eingekerbten Laschen anfassen, nach außen hin aufreißen und servieren *(Pfanni)*.

Register nach Kapiteln geordnet

KARTOFFELKLÖSSE

SEMMELKNÖDEL

MEHLKNÖDEL

SERVIETTENKNÖDEL

SÜSSE KNÖDEL

GRIESS- UND REISKNÖDEL

AUS FLEISCH UND SPECK

FISCHKNÖDEL

MIT KÄSE UND QUARK

AUS GETREIDEPRODUKTEN

ALS SUPPENEINLAGE

RESTEVERWERTUNG

Alphabetisches Register